大方廣佛華嚴經 讀誦

20

🪷 일러두기

1. 『독송본 한문·한글역 대방광불화엄경』은 실차난타가 한역(695~699)한 80권 『대방광불화엄경』의 한문 원문과 한글역을 함께 수록한 것이다. 한문에는 음사와 현토를 부기하였다.

2. 원문의 저본은 고종 2년(1865) 월정사에서 인경한 고려대장경 『대방광불화엄경』에 한암 스님이 현토(1949년)한 것을 범룡 스님이 영인 출판(1990년)한 『대방광불화엄경』이다.

3. 한문은 저본에서 누락되었거나 글자가 다르다고 판단된 부분은 저본인 고려대장경 각권의 말미에 교감되어 있는 내용을 중심으로 하고 봉은사판 『대방광불화엄경수소연의초』와 신수대장경 각주에서 밝힌 교감본을 참조하여 보입하고 수정하였다.

4. 한글 번역은 동국역경원에서 발간한 한글 『대방광불화엄경』(운허)을 중심으로 하고 『신화엄경합론』(탄허)과 『대방광불화엄경 강설』(여천무비) 그리고 최근의 여타 번역본 등을 참조하였다.

5. 저본의 원문에서 이체자의 경우 훈글이 제공하는 이체자는 그대로 살리고 훈글이 제공하지 않는 글자는 통용되는 정자로 바꾸었다. 예) 間 → 開 / 焰 → 㷔 / 宫 → 宮 / 偁 → 稱

6. 한글 번역은 독송과 사경을 위하여 정확성과 아울러 가독성을 고려하였다. 극존칭은 부처님과 불경계에 대해서만 사용하였다.

7. 독송본의 차례는 일러두기 → 본문 → 화엄경 목차 → 간행사의 순차이다.
   (법공양판에는 간행사 다음에 간행불사 동참자를 밝혀 두었다.)

8. 독송본의 한글역은 사경의 편의를 도모하기 위해 그 편집을 달리하여 『사경본 한글역 대방광불화엄경』으로 함께 간행한다. 독송본과 사경본 모두 80권 『대방광불화엄경』의 권별 목차 순으로 간행한다.

독송본 한문·한글역

대방광불화엄경 제20권
大方廣佛華嚴經 卷第二十

21. 십행품 [2]
十行品 第二十一之二

실차난타 한역
수미해주 한글역

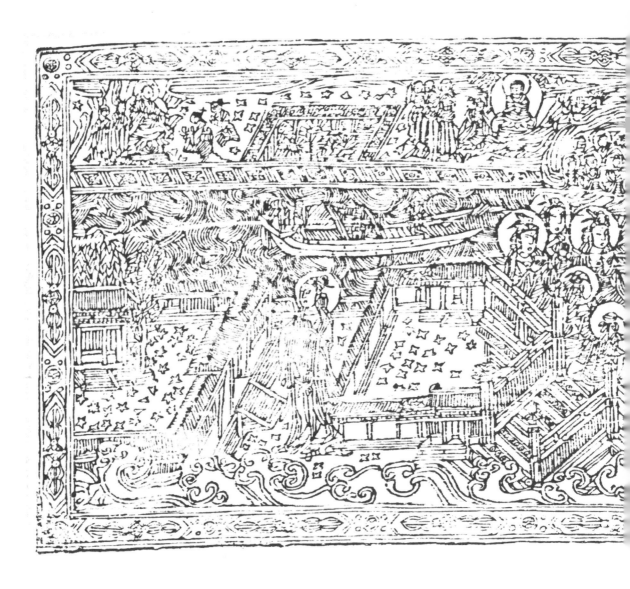

大方廣佛華嚴經第二十卷變相 周

대방광불화엄경 제20권 변상도

대방광불화엄경
제20권

21. 십행품 [2]

如是我聞一時
提場中始成正
資輪及衆寶華
海無邊顯現魔
衆寶羅網妙香
現自在雨無燕
行列枝葉光茂
嚴於中影現其
瑠璃爲幹衆華雜
蓊如雲寶寶華雜
其果含輝發燄
明於光明出甘

대방광불화엄경 권제이십
大方廣佛華嚴經 卷第二十

십행품 제이십일지이
十行品 第二十一之二

불자 하등 위보살마하살 무착행
佛子야 何等이 爲菩薩摩訶薩의 無著行고

불자 차보살 이무착심 어염념중 능
佛子야 此菩薩이 以無著心으로 於念念中에 能

입아승지세계 엄정아승지세계 어제
入阿僧祇世界하야 嚴淨阿僧祇世界호대 於諸

1

대방광불화엄경 제20권

21. 십행품 [2]

"불자들이여, 어떤 것이 보살마하살의 무착행인가?

불자들이여, 이 보살이 집착이 없는 마음으로 생각생각에 능히 아승지 세계에 들어가서 아승지 세계를 청정하게 장엄하되 모든 세계

세계 심무소착
世界에 心無所著이니라

왕예아승지제여래소　　공경예배　　승사
往詣阿僧祇諸如來所하야 恭敬禮拜하며 承事

공양　　이아승지화　　아승지향　　아승지만
供養호대 以阿僧祇華와 阿僧祇香과 阿僧祇鬘과

아승지도향말향　　의복진보　　당번묘개제
阿僧祇塗香末香과 衣服珍寶와 幢幡妙蓋諸

장엄구　　각아승지　　이용공양　　여시공
莊嚴具의 各阿僧祇로 以用供養하나니라 如是供

양　　위구경무작법고　　위주부사의법고
養은 爲究竟無作法故며 爲住不思議法故니라

어염념중　　견무수불　　어제불소　　심무소
於念念中에 見無數佛호대 於諸佛所에 心無所

에 마음이 집착하는 바가 없다.

아승지 모든 여래의 처소에 나아가 공경하고
예배하며 받들어 섬기고 공양올리되, 아승지
꽃과 아승지 향과 아승지 화만과 아승지 바르
는 향과 가루향과 의복과 진귀한 보배와 당기
와 깃발과 미묘한 일산과 모든 장엄구를 각각
아승지로써 공양올린다. 이와 같이 공양올리
는 것은 끝내 지음이 없는 법을 위한 까닭이
며, 부사의한 법에 머무르기 위한 까닭이다.

생각생각에 수없는 부처님을 친견하되 모든
부처님 처소에 마음이 집착하는 바가 없으며,

착　　　어제불찰　　　역무소착　　　어불상호　　　역
著하며 於諸佛刹에 亦無所著하며 於佛相好에 亦

무소착　　　견불광명　　　청불설법　　　역무소
無所著하며 見佛光明하고 聽佛說法에 亦無所

착
著하나라

어시방세계　　　급불보살소유중회　　　역무소
於十方世界와 及佛菩薩所有衆會에 亦無所

착　　　청불법이　　　심생환희　　　지력광대　　　능
著하며 聽佛法已하고 心生歡喜하야 志力廣大하야 能

섭능행제보살행　　　연어불법　　　역무소착
攝能行諸菩薩行호대 然於佛法에 亦無所著이니라

차보살　　　어불가설겁　　　견불가설불　　　출흥어
此菩薩이 於不可說劫에 見不可說佛이 出興於

모든 부처님 세계에도 또한 집착하는 바가 없으며, 부처님 상호에도 또한 집착하는 바가 없으며, 부처님의 광명을 보고 부처님의 설법을 들음에도 또한 집착하는 바가 없다.

시방의 세계와 부처님과 보살과 모인 대중에게도 또한 집착하는 바가 없으며, 불법을 듣고는 마음이 환희를 내어서 뜻과 힘이 광대하여 모든 보살행을 능히 거두고 능히 행하되, 그러나 부처님 법에 또한 집착하는 바가 없다.

이 보살이 말할 수 없는 겁에 말할 수 없는 부처님께서 세상에 출현하심을 보고, 낱낱 부

세　　일일불소　승사공양　개실진어불가
世하고 一一佛所에 承事供養을 皆悉盡於不可

설겁　　심무염족
說劫호대 心無厭足하니라

견불문법　급견보살중회장엄　개무소착
見佛聞法과 及見菩薩衆會莊嚴에 皆無所著하며

견부정세계　　역무증오　　하이고　차보
見不淨世界호대 亦無憎惡하나니 何以故오 此菩

살　여제불법이관찰고
薩이 如諸佛法而觀察故니라

제불법중　무구무정　무암무명　무이
諸佛法中에 無垢無淨하며 無闇無明하며 無異

무일　무실무망　무안은무험난　무정
無一하며 無實無妄하며 無安隱無險難하며 無正

도무사도
道無邪道니라

처님 처소에서 받들어 섬기고 공양올리기를 모두 다 말할 수 없는 겁을 다하여도 마음에 만족해 싫어함이 없다.

부처님을 친견하고 법을 듣고 보살과 대중모임의 장엄을 보아도 다 집착하는 바가 없으며, 부정한 세계를 보아도 또한 미워함이 없다. 무슨 까닭인가? 이 보살이 모든 부처님 법과 같이 관찰하는 까닭이다.

모든 부처님 법 가운데 더러움도 없고 깨끗함도 없으며, 어두움도 없고 밝음도 없으며, 다름도 없고 하나도 없으며, 진실함도 없고 허망함도 없으며, 안온함도 없고 험난함도 없으며, 바른 길도 없고 삿된 길도 없다.

보살   여시심입법계   교화중생   이어
菩薩이 如是深入法界하야 教化衆生호대 而於

중생   불생집착   수지제법   이어제법
衆生에 不生執著하며 受持諸法호대 而於諸法에

불생집착
不生執著하니라

발보리심   주어불주   이어불주   불생
發菩提心하야 住於佛住호대 而於佛住에 不生

집착   수유언설   이어언설   심무소착
執著하며 雖有言說이나 而於言說에 心無所著하며

입중생취   어중생취   심무소착   요지
入衆生趣호대 於衆生趣에 心無所著하며 了知

삼매   능입능주   이어삼매   심무소
三昧하야 能入能住호대 而於三昧에 心無所

착
著하니라

보살이 이와 같이 법계에 깊이 들어가 중생을 교화하되 중생에게 집착을 내지 않으며, 모든 법을 받아 지니되 모든 법에 집착을 내지 아니한다.

보리심을 내어 부처님 머무르시는 데 머무르되 부처님 머무르시는 데 집착을 내지 않으며, 비록 말을 하나 말에도 마음이 집착하는 바가 없으며, 중생의 갈래에 들어가되 중생의 갈래에 마음이 집착하는 바가 없으며, 삼매를 분명히 알아서 능히 들어가고 능히 머무르되 삼매에 마음이 집착하는 바가 없다.

한량없는 모든 부처님 국토에 나아가, 들어가

왕 예 무 량 제 불 국 토　　　약 입 약 견　　　약 어 중
往詣無量諸佛國土하야　若入若見하고　若於中

주　　　이 어 불 토　　　심 무 소 착　　　사 거 지 시　　　역
住호내　而於佛土에　心無所著하며　捨去之時에　亦

무 고 연
無顧戀하나니라

보 살 마 하 살　　　이 능 여 시 무 소 착 고　　　어 불 법 중
菩薩摩訶薩이　以能如是無所著故로　於佛法中에

심 무 장 애
心無障礙하니라

요 불 보 리　　　증 법 비 니　　　주 불 정 교　　　수 보
了佛菩提하며　證法毗尼하며　住佛正敎하며　修菩

살 행　　　주 보 살 심
薩行하며　住菩薩心하나니라

기도 하고 보기도 하고 그 가운데 머무르기도
하되 부처님 국토에 마음이 집착하는 바가 없
으며, 버리고 갈 때에도 또한 돌아보거나 그리
워하지 아니한다.

　보살마하살이 능히 이와 같이 집착하는 바
가 없는 까닭에 불법 가운데 마음이 장애가
없다.
　부처님의 보리를 알며, 법과 계율을 증득하
며, 부처님의 바른 가르침에 머무르며, 보살행
을 닦으며, 보살의 마음에 머무른다.
　보살의 해탈법을 사유하며, 보살의 머무르는

사유보살해탈지법   어보살주처   심무소
思惟菩薩解脫之法하며 於菩薩住處에 心無所

염   어보살소행   역무소착   정보살도
染하며 於菩薩所行에 亦無所著하며 淨菩薩道하며

수보살기
受菩薩記하나라

득수기이   작여시념   범부우치   무지
得受記已에 作如是念호대 凡夫愚癡하야 無知

무견   무신무해   무총민행   완은탐
無見하며 無信無解하며 無聰敏行일새 頑嚚貪

착   유전생사
著하야 流轉生死하나라

불구견불   불수명도   불신조어   미오
不求見佛하며 不隨明導하며 不信調御하고 迷誤

곳에 마음이 물들지 않으며, 보살의 행하는 것에 또한 집착하는 바 없이, 보살의 도를 청정케 하여 보살의 수기를 받는다.

수기를 받고는 이와 같이 생각하기를 '범부가 어리석어 알지 못하고 보지 못하며, 믿음이 없고 이해가 없으며, 총명하고 민첩한 행이 없으며, 미련하고 어리석어 탐착하여 생사에 유전한다.

부처님 친견하기를 구하지 않으며, 밝게 인도함을 따르지 않으며, 조어함을 믿지 않고, 미혹하고 잘못되어 험난한 길에 들어간다. 십력

실착　　입어험도　　불경십력왕　　부지보
失錯하야 **入於險道**하며 **不敬十力王**하고 **不知菩**

살은　　연착주처
薩恩하야 **戀著住處**하니라

문제법공　　심대경포　　원리정법　　주어
聞諸法空하고 **心大驚怖**하며 **遠離正法**하고 **住於**

사법　　사이탄도　　입험난도
邪法하며 **捨夷坦道**하고 **入險難道**하니라

기배불의　　수축마의　　어제유중　　견집불
棄背佛意하고 **隨逐魔意**하야 **於諸有中**에 **堅執不**

사
捨로다하니라

보살　　여시관제중생　　증장대비　　생제
菩薩이 **如是觀諸衆生**하고 **增長大悲**하야 **生諸**

선근　　이무소착
善根호대 **而無所著**이니라

의 왕을 공경하지 않고, 보살의 은혜를 알지 못하며, 머무른 곳만 그리워하고 집착한다.

모든 법이 공함을 듣고는 마음이 크게 놀라고 두려워하며, 바른 법을 멀리 떠나고 삿된 법에 머무르며, 평탄한 길을 버리고 험난한 길에 들어간다.

부처님의 뜻을 멀리 등지고 마군의 뜻을 따르며, 모든 있는 것에 굳게 집착하고 버리지 못한다.' 라고 한다.

보살이 이와 같이 모든 중생들을 관찰하고 대비심을 증장하여 모든 선근을 내면서도 집착하지 아니한다.

보살 이시 부작시념 아당위일중생
菩薩이 爾時에 復作是念호대 我當爲一衆生하야

어시방세계일일국토 경불가설불가설겁
於十方世界一一國土에 經不可說不可說劫토록

교화성숙 여위일중생 위일체중생
敎化成熟하고 如爲一衆生하야 爲一切衆生도

개역여시 종불이차 이생피염 사이
皆亦如是호대 終不以此로 而生疲厭하야 捨而

여거
餘去라하나니라

우이모단 변량법계 어일모단처 진
又以毛端으로 徧量法界하야 於一毛端處에 盡

불가설불가설겁 교화조복일체중생
不可說不可說劫토록 敎化調伏一切衆生하니라

여일모단처 일일모단처 개역여시
如一毛端處하야 一一毛端處에 皆亦如是라하나니라

보살이 그때에 다시 이 생각을 하되 '내가 마
땅히 한 중생을 위하여 시방세계의 낱낱 국토
에서 말할 수 없이 말할 수 없는 겁을 지내면
서 교화하여 성숙케 하며, 한 중생을 위하는
것과 같이 일체 중생을 위해서도 다 또한 이
와 같이 하되, 마침내 이것으로써 피로해하거
나 싫어하는 마음을 내어, 버려두고 다른 데
로 가지 아니할 것이다.

또 털끝으로 법계를 두루 헤아려 한 털끝만
한 곳에서 말할 수 없이 말할 수 없는 겁이 다
하도록 일체 중생을 교화하고 조복한다. 한 털
끝만 한 곳에서와 같이 낱낱 털끝만 한 곳에

내지불어일탄지경　집착어아　기아아소
乃至不於一彈指頃도 執著於我하야 起我我所

상
想하니라

어일일모단처　진미래겁　수보살행
於一一毛端處에 盡未來劫토록 修菩薩行호대

불착신　불착법
不著身하며 不著法하니라

불착념　불착원　불착삼매　불착관찰
不著念하며 不著願하며 不著三昧하며 不著觀察하며

불착적정
不著寂定하니라

불착경계　불착교화조복중생　역부불
不著境界하며 不著敎化調伏衆生하며 亦復不

착입어법계
著入於法界하나니라

서도 다 또한 이와 같이 하리라.' 고 한다.

내지 손가락 한 번 튕기는 사이라도 '나'에 집착하여 '나'와 '내 것'이라는 생각을 일으키지 아니한다.

낱낱 털끝만 한 곳에서 미래겁이 다하도록 보살행을 닦아도 몸에 집착하지 않으며, 법에 집착하지 아니한다.

생각에 집착하지 않으며, 소원에 집착하지 않으며, 삼매에 집착하지 않으며, 관찰에 집착하지 않으며, 적정에 집착하지 아니한다.

경계에 집착하지 않으며, 중생을 교화하여

하이고　　　보살　　작시념　　　아응관일체법계
何以故오　菩薩이　作是念호대　我應觀一切法界가

여환　　　　제불　　여영　　　　보살행　　여몽　　　불
如幻하며　諸佛이　如影하며　菩薩行이　如夢하며　佛

설법　　여향
說法이　如響하니라

일체세간　　　여화　　　　업보소지고　　　차별신
一切世間이　如化하야　業報所持故며　差別身이

여환　　　　행력소기고　　　일체중생　　　여심
如幻하야　行力所起故며　一切衆生이　如心하야

종종잡염고　　일체법　　여실제　　　불가변이
種種雜染故며　一切法이　如實際하야　不可變異

고
故라하나니라

조복함에 집착하지 않으며, 또한 다시 법계에 들어가는 것에도 집착하지 아니한다.

무슨 까닭인가? 보살이 이 생각을 하되 '내가 마땅히 일체 법계가 환과 같으며, 모든 부처님이 그림자와 같으며, 보살행이 꿈과 같으며, 부처님의 설법이 메아리와 같음을 관하리라.

일체 세간이 환화와 같으니 업보로 유지되는 까닭이며, 차별한 몸이 환과 같으니 행의 힘으로 일어난 까닭이며, 일체 중생이 마음과 같으니 갖가지로 물든 까닭이며, 일체 법이 실제와 같으니 변할 수 없는 까닭이다.' 라고 한다.

우작시념　　아당진허공변법계　　어시방
又作是念호대　我當盡虛空徧法界하야　於十方

국토중　　행보살행　　염념명달일체불법
國土中에　行菩薩行호대　念念明達一切佛法하야

정념현전　　무소취착
正念現前하야　無所取著이라하나니라

보살　　여시관신무아　　견불무애　　위화
菩薩이　如是觀身無我하며　見佛無礙하고　爲化

중생　　연설제법　　영어불법　　발생무량
衆生하야　演說諸法하야　令於佛法에　發生無量

환희정신　　구호일체　　심무피염
歡喜淨信하야　救護一切호대　心無疲厭이니라

무피염고　　어일체세계　　약유중생　　미성숙
無疲厭故로　於一切世界에　若有衆生이　未成熟

또 이 생각을 하되 '내가 마땅히 온 허공과 법계에 두루하여 시방의 국토에서 보살행을 행하되, 생각생각에 일체 불법을 분명히 통달하고 바른 생각이 앞에 나타나서 집착하는 바가 없으리라.' 고 한다.

보살이 이와 같이 몸이 무아임을 관하며 부처님 친견하기를 걸림 없이 하며 중생을 교화하기 위해 모든 법을 연설하여, 부처님 법에 한량없는 환희와 청정한 믿음을 내게 하며 일체를 구호하되 마음에 피로해하거나 싫어함이 없다.

피로해하거나 싫어함이 없는 까닭으로 일체

미 조 복 처　　실 예 어 피　　방 편 화 도
未調伏處어든　悉詣於彼하야　方便化度하니라

기 중 중 생　　종 종 음 성　　종 종 제 업　　종 종 취
其中衆生의　種種音聲과　種種諸業과　種種取

착　　종 종 시 설　　종 종 화 합　　종 종 유 전　　종 종
著과　種種施設과　種種和合과　種種流轉과　種種

소 작　　종 종 경 계　　종 종 생　　종 종 몰　　이 대
所作과　種種境界와　種種生과　種種歿에　以大

서 원　　안 주 기 중　　이 교 화 지
誓願으로　安住其中하야　而敎化之하니라

불 령 기 심　　유 동 유 퇴　　역 불 일 념　　생 염
不令其心으로　有動有退하며　亦不一念도　生染

착 상
著想하나니라

하 이 고　　득 무 소 착 무 소 의 고　　자 리 이 타　　청
何以故오　得無所著無所依故로　自利利他가　清

세계에서 만약 중생이 아직 성숙하지 못하였거나 아직 조복하지 못한 곳이 있으면, 그곳에 모두 나아가 방편으로 교화하여 제도한다.

그 가운데 중생의 갖가지 음성과 갖가지 모든 업과 갖가지 취착과 갖가지 시설과 갖가지 화합과 갖가지 유전과 갖가지 짓는 것과 갖가지 경계와 갖가지 태어남과 갖가지 죽음에, 큰 서원으로 그 가운데 편안히 머물러 교화한다.

그 마음이 흔들리거나 물러나지 않게 하며, 또한 잠깐이라도 물들고 집착하는 생각을 내지 아니한다.

무슨 까닭인가? 집착하는 바가 없고 의지하는

정만족
淨滿足이니라

시명보살마하살　제칠무착행
是名菩薩摩訶薩의 **第七無著行**이니라

바가 없는 까닭으로, 자기도 이롭게 하고 다른

이도 이롭게 하는 것이 청정하고 만족함이다.

　이것이 이름이 보살마하살의 일곱째 무착행

이다.

불자   하등   위보살마하살   난득행
佛子야 何等이 爲菩薩摩訶薩의 難得行고

차보살   성취난득선근   난복선근   최승선
此菩薩이 成就難得善根과 難伏善根과 最勝善

근   불가괴선근   무능과선근   부사의선
根과 不可壞善根과 無能過善根과 不思議善

근   무진선근   자재력선근   대위덕선근
根과 無盡善根과 自在力善根과 大威德善根과

여일체불동일성선근
與一切佛同一性善根하나니라

차보살   수제행시   어불법중   득최승해
此菩薩이 修諸行時에 於佛法中에 得最勝解하며

불자들이여, 어떤 것이 보살마하살의 난득행인가?

이 보살이 얻기 어려운 선근과, 조복하기 어려운 선근과, 가장 수승한 선근과, 깨뜨릴 수 없는 선근과, 능히 지나갈 이 없는 선근과, 사의할 수 없는 선근과, 다함이 없는 선근과, 자재한 힘의 선근과, 큰 위덕의 선근과, 일체 부처님과 동일한 성품의 선근을 성취한다.

이 보살이 모든 행을 닦을 때에 불법 중에서 가장 수승한 이해를 얻으며, 부처님의 보리에

어불보리　　득광대해　　어보살원　　미증휴
於佛菩提에 **得廣大解**하며 **於菩薩願**에 **未曾休**

식
息하니라

진일체겁　　심무피권　　어일체고　　불생
盡一切劫토록 **心無疲倦**하며 **於一切苦**에 **不生**

염리　　　일체중마　　소불능동
厭離하며 **一切衆魔**의 **所不能動**이니라

일체제불지소호념　　　구행일체보살고행
一切諸佛之所護念이며 **具行一切菩薩苦行**하며

수보살행　　정근비해　　어대승원　　항불
修菩薩行하야 **精勤匪懈**하며 **於大乘願**에 **恒不**

퇴전
退轉이니라

넓고 큰 이해를 얻으며, 보살의 서원에 일찍이 쉬지 아니한다.

일체 겁이 다하여도 마음이 피로해 게으르지 아니하며, 일체 고통을 싫어하여 떠날 생각을 내지 아니하며, 일체 온갖 마군이 흔들 수 없는 바이다.

일체 모든 부처님께서 호념하시는 바이며, 일체 보살의 고행을 갖추어 행하며, 보살행을 닦아 부지런하여 게으르지 아니하며, 대승의 서원에서 항상 퇴전하지 아니한다.

이 보살이 이 난득행에 편안히 머무르고는

시보살　　안주차난득행이　　　어염념중
是菩薩이　安住此難得行已하야는　於念念中에

능전아승지겁생사　　　이불사보살대원
能轉阿僧祇劫生死하야　而不捨菩薩大願하나니라

약유중생　　승사공양　　　내지견문　　　개어
若有衆生이　承事供養하며　乃至見聞이라도　皆於

아뇩다라삼먁삼보리　　득불퇴전
阿耨多羅三藐三菩提에　得不退轉이니라

차보살　　수료중생비유　　이불사일체중생
此菩薩이　雖了衆生非有나　而不捨一切衆生

계
界하나니라

비여선사　　부주차안　　　부주피안　　　부주
譬如船師가　不住此岸하며　不住彼岸하며　不住

생각생각에 능히 아승지겁 동안 생사에 유전하여 보살의 대원을 버리지 아니한다.

만약 어떤 중생이 받들어 섬기고 공양올리거나 내지 보고 들으면 모두 아뇩다라삼먁삼보리에서 퇴전하지 아니한다.

이 보살이 비록 중생이 있는 것이 아님을 알지만, 일체 중생계를 버리지 아니한다.

마치 뱃사공이 이 언덕에도 머무르지 아니하며 저 언덕에도 머무르지 아니하며 중류에도 머무르지 아니하고, 능히 이 언덕의 중생을 건네어 저 언덕에 이르게 하는 것과 같으니, 왕

중류　　이능운도차안중생　　지어피안
中流하고 而能運度此岸衆生하야 至於彼岸하나니

이왕반무휴식고
以往返無休息故인달하나니라

보살마하살　　역부여시　　부주생사　　부주
菩薩摩訶薩도 亦復如是하야 不住生死하며 不住

열반　　역부부주생사중류　　이능운도차안
涅槃하며 亦復不住生死中流하고 而能運度此岸

중생　　치어피안　　안은무외무우뇌처
衆生하야 置於彼岸의 安隱無畏無憂惱處하니라

역불어중생수　　이유소착　　불사일중생
亦不於衆生數에 而有所著하야 不捨一衆生하고

착다중생　　불사다중생　　착일중생
著多衆生하며 不捨多衆生하고 著一衆生하니라

래하여 쉬지 아니하는 까닭이다.

보살마하살도 또한 다시 이와 같아서 생사에
도 머무르지 아니하며 열반에도 머무르지 아
니하며 또한 다시 생사 가운데 흐름에도 머무
르지 아니하고, 능히 이 언덕의 중생을 건네어
저 언덕의 안온하고 두려움 없고 근심과 괴로
움이 없는 곳에 둔다.

또 중생의 수효에 집착하지도 아니한다. 한
중생을 버리고 많은 중생에 집착하지도 아니
하며, 많은 중생을 버리고 한 중생에 집착하지
도 아니한다.

부증중생계　　불감중생계　　불생중생계
不增衆生界하고 不減衆生界하며 不生衆生界하고

불멸중생계
不滅衆生界하니라

부진중생계　　부장중생계　　불분별중생
不盡衆生界하고 不長衆生界하며 不分別衆生

계　　불이중생계
界하고 不二衆生界니라

하이고　보살　심입중생계여법계　　중생
何以故오 菩薩이 深入衆生界如法界하야 衆生

계　법계　무유이
界와 法界가 無有二니라

무이법중　무증무감　　무생무멸　　무유
無二法中에 無增無減하며 無生無滅하며 無有

중생계가 늘어나지도 아니하고 중생계가 줄어들지도 아니하며, 중생계가 나지도 아니하고 중생계가 멸하지도 아니한다.

중생계가 다하지도 아니하고 중생계가 자라지도 아니한다. 중생계를 분별하지도 아니하고 중생계를 둘로 하지도 아니한다.

무슨 까닭인가? 보살이 중생계가 법계와 같음에 깊이 들어가 중생계와 법계가 둘이 없다.

둘이 없는 법 가운데 늘어남도 없고 줄어듦도 없으며, 남도 없고 멸함도 없으며, 있음도 없고 없음도 없으며, 취함도 없고 의지함도 없

무무　　무취무의　　무착무이
無無하며 無取無依하며 無著無二니라

하이고　　보살　　요일체법　　법계무이고
何以故오 菩薩이 了一切法이 法界無二故니라

보살　　여시이선방편　　입심법계　　주어무
菩薩이 如是以善方便으로 入深法界일새 住於無

상　　이청정상　　장엄기신　　요법무성
相호대 以清淨相으로 莊嚴其身하며 了法無性호대

이능분별일체법상
而能分別一切法相하나라

불취중생　　이능요지중생지수　　불착세
不取眾生호대 而能了知眾生之數하며 不著世

계　　이현신불찰　　불분별법　　이선입불
界호대 而現身佛刹하며 不分別法호대 而善入佛

으며, 집착함도 없고 둘도 없다.

무슨 까닭인가? 보살이 일체 법이 법계와 둘이 없음을 아는 까닭이다.

보살이 이와 같이 좋은 방편으로 깊은 법계에 들어가니 모양 없음에 머무르되 청정한 모습으로 그 몸을 장엄하며, 법의 성품 없음을 알되 일체 법의 모양을 능히 분별한다.

중생을 취하지 아니하되 능히 중생의 수를 분명히 알며, 세계에 집착하지 아니하되 부처님 세계에 몸을 나타내며, 법을 분별하지 아니하되 부처님 법에 잘 들어가며, 깊이 의리를

법　　심달의리　　이광연언교
法하며 深達義理호대 而廣演言敎하나니라

요일체법이욕진제　　이부단보살도　　불
了一切法離欲眞際호대 而不斷菩薩道하고 不

퇴보살행　　상근수습무진지행　　자재입
退菩薩行하며 常勤修習無盡之行호대 自在入

어청정법계
於淸淨法界하나니라

비여찬목　　이출어화　　화사무량　　이화
譬如鑽木하야 以出於火에 火事無量이나 而火

불멸　　보살　여시　　화중생사　무유
不滅인달하야 菩薩도 如是하야 化衆生事가 無有

궁진　　이재세간　　상주불멸
窮盡이나 而在世間하야 常住不滅이니라

통달하되 말로 가르침을 널리 편다.

일체 법이 탐욕을 여읜 진리의 경계임을 알되 보살도를 끊지 아니하고 보살행에서 물러나지 아니하며, 다함없는 행을 항상 부지런히 닦아 익히되 자재하게 청정한 법계에 들어간다.

마치 나무를 비벼서 불을 냄에 불타는 일이 한량없어서 불이 꺼지지 아니하듯이, 보살도 이와 같아서 중생을 교화하는 일이 다함이 없으니 세간에 있어서 항상 머물러 멸하지 아니한다.

비구경 　　비불구경 　　비취 　　비불취 　　비의
非究竟이며 　非不究竟이며 　非取며 　非不取며 　非依며

비무의 　　비세법 　　　비불법 　　　비범부 　　비득
非無依며 　非世法이며 　非佛法이며 　非凡夫며 　非得

과
果니라

보살 　　성취여시난득심 　　　수보살행시 　　불
菩薩이 　成就如是難得心하야 　修菩薩行時에 　不

설이승법 　　불설불법 　　　불설세간 　　　불설
說二乘法하고 　不說佛法하며 　不說世間하고 　不說

세간법 　　불설중생 　　　불설무중생 　　　불설
世間法하며 　不說眾生하고 　不說無眾生하며 　不說

구 　　불설정
垢하고 　不說淨하나니라

구경도 아니고 구경 아님도 아니며, 취함도 아니고 취하지 않음도 아니며, 의지도 아니고 의지 없음도 아니며, 세간법도 아니고 부처님 법도 아니며, 범부도 아니고 과를 얻음도 아니다.

보살이 이와 같은 얻기 어려운 마음을 성취하고 보살행을 닦을 때에 이승법도 말하지 않고 부처님 법도 말하지 않으며, 세간도 말하지 않고 세간법도 말하지 않으며, 중생도 말하지 않고 중생 없음도 말하지 않으며, 더러움도 말하지 않고 청정도 말하지 아니한다.

무슨 까닭인가? 보살은 일체 법이 물듦도 없

하 이 고　　보살　　지 일 체 법　　무 염 무 취　　부 전
何以故오 菩薩이 知一切法이 無染無取며 不轉

불 퇴 고
不退故니라

보살　　어 여 시 적 멸 미 묘 심 심 최 승 법 중 수 행
菩薩이 於如是寂滅微妙甚深最勝法中修行

시　　역 불 생 념　　아 현 수 차 행　　이 수 차 행
時에 亦不生念호대 我現修此行하며 已修此行하며

당 수 차 행
當修此行이라하나니라

불 착 온 계 처　　내 세 간 외 세 간 내 외 세 간　　소
不著蘊界處와 內世間外世間內外世間하고 所

기 대 원 제 바 라 밀　　급 일 체 법　　개 무 소 착
起大願諸波羅蜜과 及一切法에 皆無所著이니라

고 취함도 없으며 바뀌지도 않고 물러나지도 않음을 아는 까닭이다.

보살이 이와 같이 적멸하고 미묘하고 매우 깊고 가장 수승한 법 가운데서 수행할 때에 또한 '내가 현재에 이 행을 닦고 이미 이 행을 닦았고 장차 이 행을 닦으리라.' 는 생각을 내지 아니한다.

온과 계와 처와 안 세간과 바깥 세간과 안팎 세간에 집착하지 아니하고, 일으킨 큰 서원의 모든 바라밀과 일체 법에도 다 집착하는 바가 없다.

하이고   법계중   무유법명향성문승   향독
何以故오 法界中에 無有法名向聲聞乘과 向獨

각승
覺乘이니라

무유법명향보살승   향아뇩다라삼먁삼보
無有法名向菩薩乘과 向阿耨多羅三藐三菩

리
提니라

무유법명향범부계   무유법명향염향정
無有法名向凡夫界며 無有法名向染向淨과

향생사향열반
向生死向涅槃이니라

하이고   제법   무이   무불이고
何以故오 諸法이 無二며 無不二故니라

무슨 까닭인가? 법계 가운데 어떤 법이 '성문승을 향한다', '독각승을 향한다' 라고 이름할 것이 없다.

어떤 법이 '보살승을 향한다', '아뇩다라삼먁삼보리를 향한다' 라고 이름할 것이 없다.

어떤 법이 '범부 세계를 향한다' 라고 이름할 것이 없으며, 어떤 법이 '물드는 데 향한다', '깨끗한 데 향한다', '생사를 향한다', '열반을 향한다' 라고 이름할 것이 없다.

무슨 까닭인가? 모든 법이 둘이 없으며, 둘이 아님도 없는 까닭이다.

비여허공　어시방중　약거래금　구불
譬如虛空이 於十方中과 若去來今에 求不

가득　연　비무허공　보살　여시
可得이나 然이나 非無虛空인달하야 菩薩도 如是하야

관일체법　개불가득　연　비무일체
觀一切法이 皆不可得이나 然이나 非無一切

법　여실무이　부실소작　보시수행보
法이니 如實無異호대 不失所作하야 普示修行菩

살제행　불사대원　조복중생
薩諸行하며 不捨大願하고 調伏衆生하나라

전정법륜　불괴인과　역불위어평등묘
轉正法輪하야 不壞因果호대 亦不違於平等妙

법
法하나라

보여삼세제여래등　부단불종　불괴실
普與三世諸如來等하야 不斷佛種하고 不壞實

비유하면 허공을 시방에서 과거나 미래나 현재에 구하여도 얻을 수 없지만 그러나 허공이 없는 것이 아니듯이, 보살도 이와 같아서 일체 법이 다 얻을 수 없음을 관찰하지만 그러나 일체 법이 없지도 아니하다. 실상과 같고 다름이 없되 짓는 일을 잃지 않고 보살의 모든 행을 수행함을 널리 보이며 큰 원력을 버리지 않고 중생을 조복한다.

바른 법륜을 굴려서 인과를 무너뜨리지 아니하되, 또한 평등하고 묘한 법을 어기지도 아니한다.

널리 삼세의 모든 여래와 더불어 평등하여, 부

상   심입어법   변재무진
相하며 深入於法하야 辯才無盡하나라

문법불착   지법연저   선능개연   심무
聞法不著하야 至法淵底하며 善能開演하야 心無

소외
所畏하나라

불사불주   불위세법   보현세간   이불
不捨佛住하고 不違世法하야 普現世間호대 而不

착세간
著世間이니라

보살   여시성취난득지혜심   수습제행
菩薩이 如是成就難得智慧心하야 修習諸行호대

어삼악취   발출중생   교화조복   안치
於三惡趣에 拔出衆生하야 敎化調伏하야 安置

처님의 종성을 끊지 않고 실상을 깨뜨리지 아니하며, 법에 깊이 들어가 변재가 다함이 없다.

법을 듣고 집착하지 않으나 법의 깊은 곳에 이르러 잘 능히 열어 연설하고 마음이 두려운 바가 없다.

부처님께서 머무르시는 데를 버리지 아니하되 세상법을 어기지 아니하며, 세간에 널리 나타나되 세간에 집착하지 아니한다.

보살이 이와 같이 얻기 어려운 지혜의 마음을 성취하여 모든 행을 닦아 익히되, 삼악취에서 중생들을 뽑아내어 교화하고 조복하여 삼

삼세제불도중　　영부동요
三世諸佛道中하야 令不動搖니라

부작시념　　세간중생　　부지은보　　갱상
復作是念호대 世間衆生이 不知恩報하고 更相

수대
讐對하니라

사견집착　　미혹전도　　우치무지　　무유
邪見執著하야 迷惑顚倒하며 愚癡無智하야 無有

신심　　수축악우　　기제악혜　　탐애무
信心하며 隨逐惡友하야 起諸惡慧하며 貪愛無

명　종종번뇌　개실충만　　시아소수보살
明의 種種煩惱가 皆悉充滿하니 是我所修菩薩

행처
行處라

설유지은　　총명혜해　　급선지식　　충만세
設有知恩과 聰明慧解와 及善知識이 充滿世

세의 모든 부처님의 도에 편안히 두어 동요하지 않게 한다.

다시 이 생각을 하기를 '세간의 중생들이 은혜 갚을 줄 알지 못하고 서로 원수로 대한다.

삿된 소견에 집착하여 미혹하고 전도되며, 어리석고 지혜가 없어 신심이 없고 나쁜 벗을 따라 모든 나쁜 생각을 일으키며, 탐욕과 애착과 무명의 갖가지 번뇌가 모두 다 가득하니, 이것이 내가 보살행을 닦을 곳이다.

가령 은혜를 알고 총명하고 지혜가 있으며 그리고 선지식이 세간에 충만하면, 나는 그

간　　아불어중　수보살행
聞이면 我不於中에 修菩薩行이니라

하이고　아어중생　무소적막　　무소기
何以故오 我於衆生에 無所適莫하며 無所冀

망　　내지불구일루일호　급이일자찬미지
望하며 乃至不求一縷一毫와 及以一字讚美之

언
言하나라

진미래겁　　수보살행　　미증일념　자위
盡未來劫토록 修菩薩行호대 未曾一念도 自爲

어이　단욕도탈일체중생　　영기청정
於己요 但欲度脫一切衆生하야 令其淸淨하야

영득출리
永得出離라하나니라

가운데서 보살행을 닦지 아니할 것이다.

　무슨 까닭인가? 나는 중생에 대하여 맞고 맞지 않을 것도 없고, 바라는 것도 없다. 내지 실 한 올, 터럭 하나와 한 글자 찬미하는 말도 구하지 아니한다.

　미래겁이 다하도록 보살행을 닦되 일찍이 한 생각도 스스로 자기를 위하지 아니하고, 다만 일체 중생을 제도하여 해탈케 하고 그들로 하여금 청정하여 영원히 벗어나게 하려는 것이다.' 라고 한다.

　무슨 까닭인가? 중생 가운데 밝게 인도하는

하이고　　어중생중　　위명도자　　법응여시
何以故오 於衆生中에 爲明導者가 法應如是하야

불취불구
不取不求하니리

단위중생　　수보살도　　영기득지안은피
但爲衆生하야 修菩薩道하야 令其得至安隱彼

안　　성아뇩다라삼먁삼보리
岸하야 成阿耨多羅三藐三菩提하나니라

시명보살마하살　　제팔난득행
是名菩薩摩訶薩의 第八難得行이니라

자는 법이 마땅히 이러하여 취하지도 않고 구

하지도 아니한다.

다만 중생들을 위하여 보살도를 닦아 그들로

하여금 안온한 저 언덕에 이르러서 아뇩다라

삼먁삼보리를 이루게 하는 것이다.

이것이 이름이 보살마하살의 여덟째 난득행

이다.

불자   하등   위보살마하살   선법행
佛子야 何等이 爲菩薩摩訶薩의 善法行고

차보살   위일체세간천인마범사문바라문
此菩薩이 爲一切世間天人魔梵沙門婆羅門

건달바등   작청량법지   섭지정법   부
乾闥婆等하야 作淸涼法池하야 攝持正法하고 不

단불종
斷佛種하나니라

득청정광명다라니고   설법수기   변재   무
得淸淨光明陀羅尼故로 說法授記에 辯才가 無

진   득구족의다라니고   의변   무진   득
盡하며 得具足義陀羅尼故로 義辯이 無盡하며 得

불자들이여, 어떤 것이 보살마하살의 선법행인가?

이 보살이 일체 세간의 천신과 인간과 마군과 범천과 사문과 바라문과 건달바들을 위하여 청량한 법의 못을 만들어 바른 법을 거두어 지니어서 부처님의 종성이 끊어지지 않게 한다.

청정한 광명 다라니를 얻었으므로 법을 설하고 수기하는 변재가 다함이 없으며, 뜻을 구족한 다라니를 얻었으므로 의변재가 다함이

각오실법다라니고　　법변　무진
覺悟實法陀羅尼故로 法辯이 無盡이니라

득훈석언사다라니고　　사변　무진　　　득무
得訓釋言辭陀羅尼故로 辭辯이 無盡하며 得無

변문구무진의무애문다라니고　　무애변
邊文句無盡義無礙門陀羅尼故로 無礙辯이

무진
無盡이니라

득불관정다라니　관기정고　환희변　　무
得佛灌頂陀羅尼가 灌其頂故로 歡喜辯이 無

진　　득불유타오다라니문고　광명변　　무
盡하며 得不由他悟陀羅尼門故로 光明辯이 無

진　　득동변다라니문고　동변　무진
盡하며 得同辯陀羅尼門故로 同辯이 無盡이니라

득종종의신구신문신중훈석다라니문고
得種種義身句身文身中訓釋陀羅尼門故로

없으며, 실상법을 깨닫는 다라니를 얻었으므로 법변재가 다함이 없다.

훈고 해석하는 언사의 다라니를 얻었으므로 사변재가 다함이 없으며, 가없는 글자와 문구와 다함없는 뜻의 걸림 없는 문의 다라니를 얻었으므로 무애변재가 다함이 없다.

부처님의 관정 다라니를 얻어 정수리에 물을 부었으므로 환희변재가 다함이 없으며, 다른 이를 말미암아 깨닫지 않는 다라니의 문을 얻었으므로 광명변재가 다함이 없으며, 같은 말을 하는 다라니의 문을 얻었으므로 동변재가 다함이 없다.

훈석변　　무진　　　득무변선다라니고　　무변
訓釋辯이 無盡하며 得無邊旋陀羅尼故로 無邊

변　　무진
辯이 無盡이니라

차보살　　대비견고　　　보섭중생　　　어삼천
此菩薩이 大悲堅固하야 普攝衆生하야 於三千

대천세계　　변신금색　　　시작불사　　　수제
大千世界에 變身金色하야 施作佛事호대 隨諸

중생　　근성욕락　　　이광장설　　　어일음중
衆生의 根性欲樂하야 以廣長舌로 於一音中에

현무량음　　응시설법　　　개령환희
現無量音하야 應時說法하야 皆令歡喜하나니라

갖가지 뜻과 문구와 글자를 훈고 해석하는 다라니의 문을 얻었으므로 훈석변재가 다함이 없으며, 가없이 돌아가는 다라니를 얻었으므로 무변변재가 다함이 없다.

이 보살이 대비가 견고하여 중생들을 널리 거두어 준다. 삼천대천세계에서 몸을 금빛으로 변화하여 불사를 짓되, 모든 중생들의 근성과 욕락을 따라서 넓고 긴 혀로써 한 음성에 한량없는 음성을 나타내어 때에 맞추어 법을 설하여 다 환희케 한다.

가사유불가설종종업보　무수중생　공회
假使有不可說種種業報의 無數衆生이 共會

일처　기회광대　충만불가설세계
一處호대 其會廣大하야 充滿不可說世界니라

보살　어피중회중좌　시중중생　일일개유
菩薩이 於彼衆會中坐에 是中衆生이 一一皆有

불가설아승지구　일일구　능출백천억나
不可說阿僧祇口하고 一一口에 能出百千億那

유타음　동시발성　각별언사　각별소
由他音하야 同時發聲하야 各別言辭로 各別所

문　보살　어일념중　실능영수　개위
問이라도 菩薩이 於一念中에 悉能領受하고 皆爲

수대　영제의혹　여일중회중　어불
酬對하야 令除疑惑하나니라 如一衆會中하야 於不

가설중회중　실역여시
可說衆會中에도 悉亦如是니라

가령 말할 수 없는 갖가지 업보의 수없는 중생들이 함께 한 곳에 모였으며, 그 모임이 광대하여 말할 수 없는 세계에 충만하였다.

보살이 그 대중모임 가운데 앉으니 이 가운데 중생들이 낱낱이 다 말할 수 없는 아승지 입이 있고, 낱낱 입으로 백천억 나유타 음성을 능히 내어 동시에 발성하여 각각 다른 말로 각각 달리 묻는 것을, 보살이 한 생각 사이에 모두 능히 받아들여 다 대답해 의혹을 없애게 한다. 한 대중모임에서와 같이 말할 수 없는 대중모임에서도 모두 또한 이와 같다.

부차가사일모단처　　염념출불가설불가설
復次假使一毛端處에　念念出不可說不可說

도량중회　　　일체모단처　　개역여시　　　진
道場衆會하고　一切毛端處에도　皆亦如是하야　盡

미래겁　　피겁　가진　　　중회　무진
未來劫토록　彼劫은　可盡이어니와　衆會는　無盡이니라

시제중회　어염념중　　이각별언사　각별소
是諸衆會가　於念念中에　以各別言辭로　各別所

문　　　보살　어일념중　　실능영수　　무포
問이라도　菩薩이　於一念中에　悉能領受하야　無怖

무겁　　무의무류　　이작시념
無怯하며　無疑無謬하야　而作是念하니라

설일체중생　　이여시어업　　구래문아
設一切衆生이　以如是語業으로　俱來問我라도

다시 또 가령 한 털끝만 한 곳에서 생각생각에 말할 수 없이 말할 수 없는 도량의 대중모임을 내고, 일체의 털끝만 한 곳에서도 다 또한 이와 같이 미래겁이 다하도록 한다면, 그 겁은 다할 수 있어도 대중모임은 다함이 없다.

이 모든 모인 대중들이 생각생각에 각각 다른 말로써 각각 다르게 질문한 것이라도, 보살이 한 생각 사이에 모두 능히 받아들이고 두려움이 없고 겁냄이 없으며 의심이 없고 잘못이 없어서 이 생각을 한다.

'설령 일체 중생이 이와 같은 어업으로써 나

아위설법　　무단무진　　　개령환희　　　주어
我爲說法을 無斷無盡하야 皆令歡喜하야 住於

선도
善道하니라

부령선해일체언사　　　능위중생　　　설종종
復令善解一切言辭하야 能爲衆生하야 說種種

법　　이어언어　　무소분별
法호대 而於言語에 無所分別이니라

가사불가설불가설종종언사　　이래문난
假使不可說不可說種種言辭로 而來問難이라도

일념실령　　　일음함답　　　보사개오　　　무유
一念悉領하고 一音咸答하야 普使開悟하야 無有

유여
遺餘라하나니라

이득일체지관정고　　　이득무애장고　　　이득
以得一切智灌頂故며 以得無礙藏故며 以得

에게 함께 와서 묻더라도, 내가 법을 설하되 끊어짐이 없고 다함이 없어서 다 하여금 환희하여 좋은 길에 머무르게 한다.

다시 그들로 하여금 일체 말을 잘 알아서 능히 중생들을 위하여 갖가지 법을 설하되 말에 대하여 분별하는 바가 없게 할 것이다.

가령 말할 수 없이 말할 수 없는 갖가지 말로, 와서 따져 묻더라도 한 생각에 다 알고 한 음성으로 모두 대답하여 널리 깨닫게 하고 남음이 없게 하리라.'

일체 지혜로 관정함을 얻은 까닭이며, 걸림 없는 장을 얻은 까닭이며, 일체 법의 원만한

일체법원만광명고　구족일체지지고
一切法圓滿光明故며 具足一切智智故니라

불자　차보살마하살　안주선법행이　능자
佛子야 此菩薩摩訶薩이 安住善法行已에 能自

청정　역능이무소착방편　이보요익일
淸淨하고 亦能以無所著方便으로 而普饒益一

체중생　불견유중생　득출리자
切衆生호대 不見有衆生이 得出離者니라

여어차삼천대천세계　여시내지어불가설
如於此三千大千世界하야 如是乃至於不可說

삼천대천세계　변신금색　묘음구족
三千大千世界에 變身金色하고 妙音具足하야

어일체법　무소장애　이작불사
於一切法에 無所障礙하야 而作佛事하나니라

광명을 얻은 까닭이며, 일체지지를 구족한 까
닭이다.

불자여, 이 보살마하살이 선법행에 편안히
머무르고는 능히 스스로 청정하고, 또한 능히
집착함이 없는 방편으로 널리 일체 중생을 요
익하되, 중생들이 벗어남을 얻은 이가 있음을
보지 아니한다.

이 삼천대천세계에서와 같이, 이와 같이 내
지 말할 수 없는 삼천대천세계에서 몸을 금색
으로 변화하고 묘한 음성을 구족하여 일체 법
에 장애하는 바가 없이 불사를 짓는다.

불자 차보살마하살 성취십종신
佛子야 此菩薩摩訶薩이 成就十種身하나니라

소위입무변법계비취신 멸일체세간고
所謂入無邊法界非趣身이니 滅一切世間故며

입무변법계제취신 생일체세간고
入無邊法界諸趣身이니 生一切世間故니라

불생신 주무생평등법고 불멸신 일체
不生身이니 住無生平等法故며 不滅身이니 一切

멸 언설불가득고
滅하야 言說不可得故니라

불실신 득여실고 불망신 수응현
不實身이니 得如實故며 不妄身이니 隨應現

고
故니라

불천신 이사차생피고 불괴신 법계
不遷身이니 離死此生彼故며 不壞身이니 法界

불자여, 이 보살마하살이 열 가지 몸을 성취한다.

이른바 가없는 법계에 들어가는 갈래가 아닌 몸이니 일체 세간을 멸하는 까닭이며, 가없는 법계에 들어가는 모든 갈래의 몸이니 일체 세간에 나는 까닭이다.

나지 않는 몸이니 남이 없는 평등한 법에 머무르는 까닭이며, 멸하지 않는 몸이니 일체가 멸하여 언설로 얻을 수 없는 까닭이다.

진실하지 않은 몸이니 실상과 같음을 얻은 까닭이며, 허망하지 않은 몸이니 마땅함을 따라 나타내는 까닭이다.

성무괴고
性無壞故니라

일상신　　삼세어언도단고　　무상신　　선
一相身이니 **三世語言道斷故**며 **無相身**이니 **善**

능관찰법상고
能觀察法相故니라

보살　성취여시십종신　위일체중생사
菩薩이 **成就如是十種身**하야 **爲一切衆生舍**니

장양일체선근고　위일체중생구　영기득
長養一切善根故며 **爲一切衆生救**니 **令其得**

대안은고
大安隱故니라

위일체중생귀　여기작대의처고　위일체
爲一切衆生歸니 **與其作大依處故**며 **爲一切**

변천하지 않는 몸이니 여기서 죽어 저기에서 태어남을 여읜 까닭이며, 무너지지 않는 몸이니 법계의 성품이 무너짐이 없는 까닭이다.

한 모양의 몸이니 삼세의 언어의 길이 끊어진 까닭이며, 모양 없는 몸이니 법의 모양을 잘 능히 관찰하는 까닭이다.

보살이 이와 같은 열 가지 몸을 성취하고는 일체 중생의 집이 되니 일체 선근을 기르는 까닭이며, 일체 중생의 구호함이 되니 그들로 하여금 크게 안온함을 얻게 하는 까닭이다.

일체 중생의 돌아갈 데가 되니 그들에게 큰

중생도　　영득무상출리고
衆生導니　令得無上出離故니라

위일체중생사　　영입진실법중고　　위일체
爲一切衆生師니　令入眞實法中故며　爲一切

중생등　　영기명견업보고
衆生燈이니　令其明見業報故니라

위일체중생광　　영조심심묘법고　　위일체
爲一切衆生光이니　令照甚深妙法故며　爲一切

삼세거　　영기효오실법고
三世炬니　令其曉悟實法故니라

위일체세간조　　영입광명지중고　　위일체
爲一切世間照니　令入光明地中故며　爲一切

제취명　　시현여래자재고
諸趣明이니　示現如來自在故니라

의지처가 되는 까닭이며, 일체 중생의 인도자

가 되니 위없이 벗어남을 얻게 하는 까닭이다.

일체 중생의 스승이 되니 진실한 법 가운데

들어가게 하는 까닭이며, 일체 중생의 등불이

되니 그들로 하여금 업보를 분명히 보게 하는

까닭이다.

일체 중생의 빛이 되니 매우 깊고 묘한 법

을 비추게 하는 까닭이며, 일체 삼세의 횃불

이 되니 그들로 하여금 실상법을 깨닫게 하

는 까닭이다.

일체 세간의 비춤이 되니 광명의 땅 가운데

에 들게 하는 까닭이며, 일체 모든 갈래의 밝

불자   시명보살마하살   제구선법행   보
佛子야 **是名菩薩摩訶薩**의 **第九善法行**이니라 **菩**

살   안주차행   위일체중생작청량법지
薩이 **安住此行**하야 **爲一切衆生作淸涼法池**하야

능진일체불법원고
能盡一切佛法源故니라

음이 되니 여래의 자재함을 나타내 보이는 까닭이다.

불자들이여, 이것이 이름이 보살마하살의 아홉째 선법행이다. 보살이 이 행에 편안히 머물러서 일체 중생을 위하여 청량한 법의 못을 만들어 능히 일체 불법의 근원을 다하는 까닭이다.

불자 하등 위보살마하살 진실행
佛子야 **何等**이 **爲菩薩摩訶薩**의 **眞實行**고

차보살 성취제일성제지어 여설능행
此菩薩이 **成就第一誠諦之語**하야 **如說能行**하며

여행능설
如行能說하나니라

차보살 학삼세제불 진실어 입삼세제
此菩薩이 **學三世諸佛**의 **眞實語**하며 **入三世諸**

불종성 여삼세제불 선근동등 득삼세
佛種性하며 **與三世諸佛**로 **善根同等**하며 **得三世**

제불 무이어 수여래학 지혜성취
諸佛의 **無二語**하며 **隨如來學**하야 **智慧成就**니라

불자들이여, 어떤 것이 보살마하살의 진실행
인가?

이 보살이 제일가는 성실하고 참된 말을 성
취하여, 말한 대로 능히 행하고 행한 대로 능
히 말한다.

이 보살이 삼세 모든 부처님의 진실한 말을
배우며, 삼세 모든 부처님의 종성에 들어가며,
삼세 모든 부처님과 더불어 선근이 동등하며,
삼세 모든 부처님의 둘이 없는 말을 얻으며,
여래를 따라 배워서 지혜를 성취한다.

차보살　성취지중생시처비처지　거래현
此菩薩이 成就知衆生是處非處智와 去來現

재업보지　제근이둔지　종종계지　종종해
在業報智와 諸根利鈍智와 種種界智와 種種解

지　일체지처도지　제선해탈삼매구정기
智와 一切至處道智와 諸禪解脫三昧垢淨起

시비시지　일체세계숙주수념지　천안지
時非時智와 一切世界宿住隨念智와 天眼智와

누진지　이불사일체보살행
漏盡智호대 而不捨一切菩薩行하나니라

하이고　욕교화일체중생　실령청정고
何以故오 欲敎化一切衆生하야 悉令淸淨故니라

이 보살이 중생의 옳은 도리와 그른 도리를
아는 지혜와, 과거 미래 현재의 업보를 아는
지혜와, 모든 근의 예리하고 둔함을 아는 지혜
와, 갖가지 경계를 아는 지혜와, 갖가지 이해
를 아는 지혜와, 일체 처에 이르는 길을 아는
지혜와, 모든 선정과 해탈과 삼매의 더러움과
깨끗함이 일어나는 때와 때 아님을 아는 지혜
와, 일체 세계에서 지난 세상에 머무르던 일을
기억함에 따라 아는 지혜와, 천안통의 지혜와,
누진통의 지혜를 성취하되 일체의 보살행을
버리지 아니한다.

무슨 까닭인가? 일체 중생을 교화하여 모두
청정케 하려는 까닭이다.

차보살　　부생여시증상심　　　약아불령일
此菩薩이　復生如是增上心호니라　若我不令一

체중생　　　주무상해탈도　　　이아선성아뇩
切衆生으로　住無上解脫道하고　而我先成阿耨

다라삼먁삼보리자　　　즉위아본원　　　시소
多羅三藐三菩提者인댄　則違我本願이니　是所

불응
不應이라

시고　　요당선령일체중생　　　득무상보리
是故로　要當先令一切衆生으로　得無上菩提와

무여열반　　　연후성불
無餘涅槃하고　然後成佛이니라

하이고　　비중생　　청아발심　　아자위중생
何以故오　非衆生이　請我發心이라　我自爲衆生하야

작불청지우　　　욕선령일체중생　　　만족선
作不請之友하야　欲先令一切衆生으로　滿足善

이 보살이 다시 이와 같은 증상심을 낸다.

'만약 내가 일체 중생으로 하여금 위없는 해탈도에 머무르게 하지 못하고 내가 먼저 아뇩다라삼먁삼보리를 이룬다면 곧 나의 본래 서원을 어기는 것이니, 이것은 마땅하지 못한 일이다.

그러므로 반드시 마땅히 먼저 일체 중생으로 하여금 위없는 보리와 무여열반을 얻게 하고 그런 뒤에 성불할 것이다.

무슨 까닭인가? 중생들이 나에게 청하여서 발심한 것이 아니고, 내가 스스로 중생들을 위하여 청하지 않은 벗이 되어서, 먼저 일체

근　　성일체지
根하야 **成一切智**니라

시고　아위최승　　불착일체세간고　　아위
是故로 **我爲最勝**이니 **不著一切世間故**며 **我爲**

최상　　주무상조어지고
最上이니 **住無上調御地故**니라

아위이예　　해중생무제고　　아위이판　　　본
我爲離翳니 **解衆生無際故**며 **我爲已辦**이니 **本**

원성취고
願成就故니라

아위선변화　　보살공덕장엄고　　아위선의
我爲善變化니 **菩薩功德莊嚴故**며 **我爲善依**

호　삼세제불섭수고
怙니 **三世諸佛攝受故**니라

중생으로 하여금 선근을 만족하여 일체지를 이루게 하려 한 것이다.

그러므로 내가 가장 수승함이 되니 일체 세간에 집착하지 않는 까닭이며, 내가 가장 높음이 되니 위없는 조어하는 지위에 머무르는 까닭이다.

내가 가림을 여읨이 되니 중생들의 끝없음을 아는 까닭이며, 내가 이미 갖춤이 되니 본래의 서원을 성취한 까닭이다.

내가 좋은 변화가 되니 보살의 공덕으로 장엄한 까닭이며, 내가 좋은 의지가 되니 삼세의 모든 부처님께서 거두어 주시는 까닭이다.'

차 보살 마 하 살　　불 사 본 원 고　　득 입 무 상 지
此菩薩摩訶薩이　不捨本願故로　得入無上智

혜 장 엄　　　이 익 중 생　　　실 령 만 족　　　수 본 서
慧莊嚴하야　利益衆生하야　悉令滿足호대　隨本誓

원　　　개 득 구 경　　　어 일 체 법 중　　지 혜 자 재
願하야　皆得究竟하며　於一切法中에　智慧自在하야

영 일 체 중 생　　　보 득 청 정
令一切衆生으로　普得淸淨하니라

염 념 변 유 시 방 세 계　　　염 념 보 예 불 가 설 불 가
念念徧遊十方世界하며　念念普詣不可說不可

설 제 불 국 토
說諸佛國土하니라

염 념 실 견 불 가 설 불 가 설 제 불　　급 불 장 엄 청
念念悉見不可說不可說諸佛과　及佛莊嚴淸

정 국 토　　　시 현 여 래 자 재 신 력　　보 변 법 계
淨國土하야　示現如來自在神力하야　普徧法界

이 보살마하살이 본래의 서원을 버리지 않는 까닭으로 위없는 지혜의 장엄에 들어가서 중생들을 이롭게 하여 모두 만족케 하되, 본래의 서원을 따라 모두 구경을 얻게 하며, 일체 법 가운데 지혜가 자재하여 일체 중생으로 하여금 널리 청정하게 한다.

생각생각에 시방세계에 두루 노닐며, 생각생각에 말할 수 없이 말할 수 없는 모든 부처님 국토에 널리 나아간다.

생각생각에 말할 수 없이 말할 수 없는 모든 부처님과 부처님의 장엄과 청정한 국토를 다 보며, 여래의 자재하신 신통의 힘을 나타내 보

허공계
虛空界니라

차보살　현무량신　　보입세간　　이무소
此菩薩이 **現無量身**하야 **普入世間**호대 **而無所**

의　　어기신중　　현일체찰　　일체중생
依하며 **於其身中**에 **現一切刹**과 **一切衆生**과

일체제법　　일체제불
一切諸法과 **一切諸佛**하니라

차보살　　지중생　　종종상　　종종욕　　종종
此菩薩이 **知衆生**의 **種種想**과 **種種欲**과 **種種**

해　　종종업보　　종종선근　　수기소응
解와 **種種業報**와 **種種善根**하야 **隨其所應**하야

위현기신　　이조복지
爲現其身하야 **而調伏之**하니라

여 법계와 허공계에 널리 두루한다.

이 보살이 한량없는 몸을 나타내어 세간에 널리 들어가되 의지한 바가 없으며, 그 몸 가운데 일체 세계와 일체 중생과 일체 모든 법과 일체 모든 부처님을 나타낸다.

이 보살이 중생들의 갖가지 생각과 갖가지 욕망과 갖가지 이해와 갖가지 업보와 갖가지 선근을 알아서, 그 마땅한 바를 따라 그 몸을 나타내어 그들을 조복한다.

모든 보살들이 환술과 같고 일체 법이 환화와 같으며 부처님의 출현이 그림자와 같고 일

관제보살 여환   일체법   여화   불출세
觀諸菩薩이 如幻하며 一切法이 如化하며 佛出世가

여영   일체세간   여몽
如影하며 一切世間이 如夢하니라

득의신문신   무진장   정념자재   결정
得義身文身의 無盡藏하야 正念自在하야 決定

요지일체제법   지혜최승   입일체삼매
了知一切諸法하며 智慧最勝하야 入一切三昧

진실상   주일성무이지
眞實相하야 住一性無二地니라

보살마하살   이제중생   개착어이   안주
菩薩摩訶薩이 以諸衆生이 皆著於二일새 安住

대비   수행여시적멸지법   득불십력
大悲하야 修行如是寂滅之法하며 得佛十力하야

체 세간이 꿈과 같음을 관찰한다.

뜻과 글자의 무진장을 얻고, 바른 생각이 자재하여 일체 모든 법을 결정적으로 분명히 알며, 지혜가 가장 수승하여 일체 삼매의 진실한 모양에 들어가서 한 성품이고 둘이 아닌 자리에 머무른다.

보살마하살은 모든 중생들이 다 둘에 집착하므로, 대비에 편안히 머물러 이와 같은 적멸한 법을 닦아 행하며, 부처님의 십력을 얻어 인다라망 같은 법계에 들어간다.

여래의 걸림 없는 해탈을 성취하여 사람 중에

입 인 다 라 망 법 계
入因陀羅網法界_{하나라}

성 취 여 래 무 애 해 탈　　　인 중 웅 맹 대 사 자 후
成就如來無礙解脫_{하며}　人中雄猛大師子吼_로

득 무 소 외　　능 전 무 애 청 정 법 륜
得無所畏_{하야} 能轉無礙淸淨法輪_{하나라}

득 지 혜 해 탈　　요 지 일 체 세 간 경 계　　절 생
得智慧解脫_{하야} 了知一切世間境界_{하며} 絶生

사 회 류　　입 지 혜 대 해
死迴流_{하야} 入智慧大海_{하나라}

위 일 체 중 생　　호 지 삼 세 제 불 정 법　　도 일
爲一切衆生_{하야} 護持三世諸佛正法_{하야} 到一

체 불 법 해 실 상 원 저
切佛法海實相源底_{니라}

뛰어나고 용맹한 큰 사자후로 두려울 바 없음을 얻어서 능히 걸림 없는 청정한 법륜을 굴린다.

지혜의 해탈을 얻어 일체 세간의 경계를 분명히 알며, 생사의 소용돌이를 끊고 지혜의 큰 바다에 들어간다.

일체 중생을 위하여 삼세 모든 부처님의 정법을 보호하여 지녀서 일체 부처님의 법바다의 실상인 근원에 이른다.

보살이 이 진실행에 머무르고는, 일체 세간의 천신과 인간과 마군과 범천과 사문과 바라

보살   주차진실행이   일체세간   천인마
菩薩이 住此眞實行已에 一切世間의 天人魔

범   사문바라문   건달바아수라등   유친
梵과 沙門婆羅門과 乾闥婆阿脩羅等이 有親

근자   개령개오   환희청정
近者면 皆令開悟하야 歡喜淸淨케하나니라

시명보살마하살   제십진실행
是名菩薩摩訶薩의 第十眞實行이니라

문과 건달바와 아수라들이 친근함이 있는 자는 다 깨달아 환희하고 청정하게 한다.

이것이 이름이 보살마하살의 열째 진실행이다."

이시   불신력고   시방각유불찰미진수세
爾時_에 佛神力故_로 十方各有佛刹微塵數世

계   육종진동
界_가 六種震動_{하나라}

소위동   변동   등변동   기   변기   등변기
所謂動_과 徧動_과 等徧動_과 起_와 徧起_와 等徧起_와

용   변용   등변용
踊_과 徧踊_과 等徧踊_{이요}

진   변진   등변진   후   변후   등변후   격
震_과 徧震_과 等徧震_과 吼_와 徧吼_와 等徧吼_와 擊_과

변격   등변격
徧擊_과 等徧擊_{이요}

우천묘화   천향   천말향   천만   천의   천
雨天妙華_와 天香_과 天末香_과 天鬘_과 天衣_와 天

보   천장엄구   주천악음   방천광명
寶_와 天莊嚴具_{하며} 奏天樂音_{하며} 放天光明_{하며}

이때에 부처님의 위신력으로 시방으로 각각 부처님 세계 미진수의 세계가 여섯 가지로 진동하였다.

이른바 흔들흔들하고 두루 흔들흔들하고 온통 두루 흔들흔들하며, 들먹들먹하고 두루 들먹들먹하고 온통 두루 들먹들먹하며, 울쑥불쑥하고 두루 울쑥불쑥하고 온통 두루 울쑥불쑥하였다.

우르르하고 두루 우르르하고 온통 두루 우르르하며, 와르릉하고 두루 와르릉하고 온통 두루 와르릉하며, 와지끈하고 두루 와지끈하고 온통 두루 와지끈하였다.

연창제천미묘음성
演暢諸天微妙音聲하니라

여차세계야마천궁설십행법　소현신변
如此世界夜摩天宮說十行法에 所現神變하야

시방세계　실역여시
十方世界도 悉亦如是하니라

부이불신력고　시방각과십만불찰미진수세
復以佛神力故로 十方各過十萬佛剎微塵數世

계외　　유십만불찰미진수보살　구　　내예
界外하야 有十萬佛剎微塵數菩薩이 俱하야 來詣

차토　충만시방　어공덕림보살언
此土하사 充滿十方하야 語功德林菩薩言하시니라

하늘 묘한 꽃과 하늘 향과 하늘 가루향과 하늘 화만과 하늘 옷과 하늘 보배와 하늘 장엄구를 비내리며, 하늘 음악을 연주하며, 하늘 광명을 놓으며, 모든 하늘의 미묘한 음성으로 연창하였다.

이 세계의 야마천궁에서 십행의 법을 설하여 나타내는 신통변화와 같이, 시방세계에서도 다 또한 이와 같았다.

다시 부처님의 위신력으로써 시방으로 각각 십만 부처님 세계 미진수의 세계 밖을 지나서 십만 부처님 세계 미진수의 보살들이 있어 함

불자　　선재선재　　선능연설제보살행　　아
佛子야 善哉善哉라 善能演說諸菩薩行이여 我

등일체　　동명공덕림　　소주세계　　개명공
等一切가 同名功德林이며 所住世界도 皆名功

덕당　　피토여래　　동명보공덕
德幢이며 彼土如來도 同名普功德이시니라

아등불소　　역설차법　　중회권속　　언사
我等佛所에도 亦說此法호대 衆會眷屬과 言辭

의리　　실역여시　　무유증감
義理가 悉亦如是하야 無有增減하니라

불자　아등　개승불신력　　내입차회　　위
佛子야 我等이 皆承佛神力하고 來入此會하야 爲

여작증　　시방세계　　실역여시
汝作證하노니 十方世界도 悉亦如是하니라

께 이 국토에 와서 시방에 충만하며, 공덕림 보살에게 말씀하였다.

"불자여, 훌륭하고 훌륭합니다. 모든 보살행을 잘 능히 연설하였습니다. 우리들은 모두 이름이 같은 공덕림이며, 머무르는 바 세계도 다 이름이 공덕당이며, 그 국토의 여래께서도 명호가 같은 보공덕이십니다.

우리들의 부처님 처소에서도 또한 이 법을 설하며, 모인 대중과 권속과 말과 이치도 다 또한 이와 같아서 늘어나거나 줄어듦이 없습니다.

불자여, 우리들은 다 부처님의 위신력을 받

이시　공덕림보살　승불신력　보관시방
爾時에 功德林菩薩이 承佛神力하사 普觀十方

일체중회　기우법계
一切衆會와 曁于法界하니라

욕령불종성부단고
欲令佛種性不斷故며

욕령보살종성청정고
欲令菩薩種性淸淨故며

욕령원종성불퇴전고
欲令願種性不退轉故며

욕령행종성상상속고
欲令行種性常相續故며

욕령삼세종성실평등고
欲令三世種性悉平等故며

욕섭삼세일체불종성고
欲攝三世一切佛種性故며

들어 이 회상에 들어와서 그대를 위하여 증명하는 것이며, 시방세계에서도 모두 또한 이와 같습니다."

이때에 공덕림 보살이 부처님의 위신력을 받들어 시방의 일체 대중모임과 법계를 널리 관찰하였다.

부처님의 종성이 끊어지지 않게 하려는 까닭이며, 보살의 종성이 청정하게 하려는 까닭이며, 서원의 종성이 퇴전하지 않게 하려는 까닭이며, 행의 종성이 항상 상속하게 하려는 까

욕개연소종제선근고
欲開演所種諸善根故며

욕관찰일체제근고
欲觀察一切諸根故며

욕해번뇌습기심행소작고
欲解煩惱習氣心行所作故며

욕조료일체불보리고　이설송언
欲照了一切佛菩提故로 而說頌言하시니라

닭이며, 삼세의 종성이 모두 평등하게 하려는 까닭이며, 삼세 일체 부처님의 종성을 섭수하려는 까닭이며, 심은 바 모든 선근을 열어 펼치려는 까닭이며, 일체 모든 근성을 관찰하려는 까닭이며, 번뇌와 습기와 마음의 행으로 지은 것을 알려는 까닭이며, 일체 부처님의 보리를 비추어 알려는 까닭으로, 게송을 설하여 말씀하였다.

일심경례십력존
一心敬禮十力尊이

이구청정무애견
離垢淸淨無礙見하시며

경계심원무윤필
境界深遠無倫匹하사

주여허공도중자
住如虛空道中者하노이다

과거인중제최승
過去人中諸最勝이

공덕무량무소착
功德無量無所著하시며

용맹제일무등륜
勇猛第一無等倫하시니

피이진자행사도
彼離塵者行斯道로다

현재시방제국토
現在十方諸國土에

선능개연제일의
善能開演第一義하사

이제과악최청정
離諸過惡最淸淨하시니

피무의자행사도
彼無依者行斯道로다

십력을 가진 높으신 분

때를 여의고 청정하여 걸림 없이 보시며

경계가 깊고 멀어 짝할 이 없으셔서

허공 같은 도에 머무르신 분께 일심으로 경례합니다.

과거에 사람 중 가장 수승하시고

공덕이 한량없고 집착하는 바가 없으시며

용맹이 제일이고 짝이 없으시니

저 번뇌를 여읜 자가 이 도를 행하도다.

현재에 시방의 모든 국토에서

제일가는 이치를 잘 능히 펴서 연설하시며

모든 허물 여의고 가장 청정하시니

저 의지함이 없는 자가 이 도를 행하도다.

미래소유인사자
未來所有人師子가

주변유행어법계
周徧遊行於法界하사

이발제불대비심
已發諸佛大悲心하시니

피요익자행사도
彼饒益者行斯道로다

삼세소유무비존
三世所有無比尊이

자연제멸우치암
自然除滅愚癡暗하사

어일체법개평등
於一切法皆平等하시니

피대력인행차도
彼大力人行此道로다

보견무량무변계
普見無量無邊界에

일체제유급제취
一切諸有及諸趣하고

견이기심불분별
見已其心不分別하니

피무동자행사도
彼無動者行斯道로다

미래에 있는 바 사람 중 사자이신 분
법계에 두루두루 유행하시며
모든 부처님의 대비심을 이미 내셨으니
저 이익 주는 자가 이 도를 행하도다.

삼세에 계시는 비할 데 없는 높으신 분
자연히 어리석음의 어두움을 없애 버리시고
일체 법에 다 평등하시니
저 큰 힘을 얻은 이가 이 도를 행하도다.

한량없고 가없는 세계의
일체 모든 존재와 모든 갈래를 널리 보시며
보고 나서 그 마음이 분별하지 않으시니
저 동요함이 없는 자가 이 도를 행하도다.

법계소유개명료
法界所有皆明了하고

어제일의최청정
於第一義最淸淨하야

영파진만급우치
永破瞋慢及愚癡하니

피공덕자행사도
彼功德者行斯道로다

어제중생선분별
於諸衆生善分別하고

실입법계진실성
悉入法界眞實性하야

자연각오불유타
自然覺悟不由他하니

피등공자행사도
彼等空者行斯道로다

진공소유제국토
盡空所有諸國土에

실왕설법광개유
悉往說法廣開喩호대

소설청정무능괴
所說淸淨無能壞하니

피승모니행차도
彼勝牟尼行此道로다

법계에 있는 것을 다 분명히 아시고
제일의 이치에 가장 청정하시어
성냄과 교만과 어리석음을 길이 깨뜨리시니
저 공덕 갖춘 자가 이 도를 행하도다.

모든 중생들을 잘 분별하시고
법계의 진실한 성품에 모두 들어가셔서
자연히 깨닫고 다른 이를 말미암지 않으셨으니
저 허공과 평등한 자가 이 도를 행하도다.

온 허공에 있는 모든 국토에
모두 가서 법을 설하여 널리 깨우치시되
설하신 바가 청정하여 무너뜨릴 수 없으니
저 수승한 모니가 이 도를 행하도다.

구족견고불퇴전
具足堅固不退轉하야

성취존중최승법
成就尊重最勝法하고

원력무진도피안
願力無盡到彼岸하니

피선수자소행도
彼善修者所行道로다

무량무변일체지
無量無邊一切地와

광대심심묘경계
廣大甚深妙境界를

실능지견미유유
悉能知見靡有遺하니

피논사자소행도
彼論師子所行道로다

일체구의개명료
一切句義皆明了하야

소유이론개최복
所有異論皆摧伏하고

어법결정무소의
於法決定無所疑하니

피대모니행차도
彼大牟尼行此道로다

구족하게 견고하여 퇴전치 아니하시어
존중한 가장 수승한 법을 성취하시고
원력이 다함없어 피안에 이르시니
저 잘 닦는 자가 행하는 도이로다.

한량없고 가없는 일체 대지의
넓고 크고 매우 깊은 미묘한 경계를
모두 능히 알고 보아 남김없으니
저 논리의 사자가 행하는 도이로다.

일체의 문구와 뜻을 다 분명히 아시어
있는 바 다른 논리를 모두 꺾어 굴복시키시고
법에 결정코 의심하는 바 없으시니
저 큰 모니가 이 도를 행하도다.

원리세간제과환
遠離世閒諸過患하고

보여중생안은락
普與衆生安隱樂하야

능위무등대도사
能爲無等大導師하니

피승덕자행사도
彼勝德者行斯道로다

항이무외시중생
恒以無畏施衆生하야

보령일체개흔경
普令一切皆欣慶하고

기심청정이염탁
其心淸淨離染濁하니

피무등자행사도
彼無等者行斯道로다

의업청정극조선
意業淸淨極調善하고

이제희론무구과
離諸戲論無口過하며

위광원만중소흠
威光圓滿衆所欽이니

피최승자행사도
彼最勝者行斯道로다

세간의 모든 근심 걱정을 멀리 여의고
중생들에게 안온한 즐거움을 널리 주어서
같을 이 없는 큰 도사가 능히 되니
저 수승한 공덕 가진 자가 이 도를 행하도다.

항상 두려움 없음으로 중생에게 베풀어
널리 일체로 하여금 다 기쁘게 하되
그 마음 청정하여 물들고 혼탁함을 여의니
저 같을 이 없는 자가 이 도를 행하도다.

의업이 청정하여 지극히 조화롭고 착하며
모든 희론을 여의어 말의 허물이 없으며
위광이 원만하여 대중들이 공경하는 바이니
저 가장 수승한 자가 이 도를 행하도다.

입진실의도피안
入眞實義到彼岸하고

주공덕처심영적
住功德處心永寂하야

제불호념항불망
諸佛護念恒不忘하시나니

피멸유자행사도
彼滅有者行斯道로다

원리어아무뇌해
遠離於我無惱害하고

항이대음선정법
恒以大音宣正法호대

시방국토미부주
十方國土靡不周하니

피절비자행사도
彼絶譬者行斯道로다

단바라밀이성만
檀波羅蜜已成滿하야

백복상호소장엄
百福相好所莊嚴이라

중생견자개흔열
衆生見者皆欣悅하나니

피최승혜행사도
彼最勝慧行斯道로다

진실한 뜻에 들어가 피안에 이르고
공덕 처소에 머물러 마음이 길이 고요하며
모든 부처님께서 호념하시어 늘 잊지 않으니
저 유를 멸한 자가 이 도를 행하도다.

'나'를 멀리 여의어 고뇌와 폐해가 없고
항상 큰 음성으로 바른 법을 펴되
시방 국토에 두루하지 않음이 없으니
저 비유가 끊어진 자가 이 도를 행하도다.

보시바라밀을 이미 원만히 성취하여
백 가지 복된 상호로 장엄한 바이고
중생들이 보는 자가 다 기뻐하니
저 가장 수승한 지혜 있는 이가 이 도를 행하도다.

지지심심난가입
智地甚深難可入이어늘

능이묘혜선안주
能以妙慧善安住하야

기심구경부동요
其心究竟不動搖하니

피견고행행사도
彼堅固行行斯道로다

법계소유실능입
法界所有悉能入호대

수소입처함구경
隨所入處咸究竟하야

신통자재미불해
神通自在靡不該하니

피법광명행차도
彼法光明行此道로다

제무등등대모니
諸無等等大牟尼가

근수삼매무이상
勤修三昧無二相하야

심상재정락적정
心常在定樂寂靜하니

피보견자행사도
彼普見者行斯道로다

지혜의 땅이 매우 깊어 들어가기 어려운데
능히 미묘한 지혜로 잘 안주하여
그 마음이 끝까지 동요하지 않으니
저 견고한 수행인이 이 도를 행하도다.

법계의 있는 곳에 모두 능히 들어가되
들어가는 곳을 따라 다 끝까지 가서
신통이 자재하여 갖추지 않음이 없으니
저 법광명 가진 이가 이 도를 행하도다.

모든 같음이 없이 같은 큰 모니가
부지런히 삼매를 닦아 두 모양 없고
마음은 항상 정에서 적정을 즐기니
저 널리 보는 자가 이 도를 행하도다.

미세광대제국토
微細廣大諸國土가

갱상섭입각차별
更相涉入各差別이어늘

여기경계실요지
如其境界悉了知하니

피지산왕행차도
彼智山王行此道로다

의상명결이제구
意常明潔離諸垢하야

어삼계중무소착
於三界中無所著하고

호지중계도피안
護持衆戒到彼岸하나니

차정심자행사도
此淨心者行斯道로다

지혜무변불가설
智慧無邊不可說이라

보변법계허공계
普徧法界虛空界어늘

선능수학주기중
善能修學住其中하니

피금강혜행사도
彼金剛慧行斯道로다

미세하고 광대한 모든 국토가
서로서로 섭입해도 각각 차별한데
그와 같은 경계를 모두 분명히 아니
저 지혜 산의 왕이 이 도를 행하도다.

뜻은 항상 밝고 깨끗하여 모든 때를 여의어
삼계 가운데서 집착하는 바가 없고
온갖 계를 보호해 지녀 피안에 이르니
이 마음 깨끗한 자가 이 도를 행하도다.

지혜가 가없고 말할 수 없어
법계와 허공계에 널리 두루하거늘
잘 능히 닦아 배워 그 가운데 머무르니
저 금강지혜 있는 이가 이 도를 행하도다.

삼세일체불경계
三世一切佛境界에

지혜선입실주변
智慧善入悉周徧호대

미상잠기피염심
未嘗暫起疲厭心하니

피최승자행사도
彼最勝者行斯道로다

선능분별십력법
善能分別十力法하고

요지일체지처도
了知一切至處道하야

신업무애득자재
身業無礙得自在하니

피공덕신행차도
彼功德身行此道로다

시방무량무변계
十方無量無邊界에

소유일체제중생
所有一切諸衆生을

아개구호이불사
我皆救護而不捨하니

피무외자행사도
彼無畏者行斯道로다

삼세 일체 부처님의 경계에
지혜로 잘 들어가 모두 두루하되
일찍이 잠깐도 피로하거나 싫은 마음을 내지 않으니
저 가장 수승한 자가 이 도를 행하도다.

십력의 법을 잘 능히 분별하고
일체 처에 이르는 길을 분명히 알며
신업이 걸림 없이 자재함을 얻으니
저 공덕의 몸을 이룬 이가 이 도를 행하도다.

시방의 한량없고 가없는 세계에
있는 바 일체 모든 중생들을
내가 다 구호하여 버리지 않으니
저 두려움 없는 자가 이 도를 행하도다.

어 제 불 법 근 수 습
於諸佛法勤修習하고

심 상 정 진 불 해 권
心常精進不懈倦하야

정 치 일 체 제 세 간
淨治一切諸世間하니

피 대 용 왕 행 차 도
彼大龍王行此道로다

요 지 중 생 근 부 동
了知衆生根不同과

욕 해 무 량 각 차 별
欲解無量各差別하며

종 종 제 계 개 명 달
種種諸界皆明達하니

차 보 입 자 행 사 도
此普入者行斯道로다

시 방 세 계 무 량 찰
十方世界無量刹에

실 왕 수 생 무 유 수
悉往受生無有數호대

미 증 일 념 생 피 염
未曾一念生疲厭하니

피 환 희 자 행 사 도
彼歡喜者行斯道로다

모든 부처님의 법을 부지런히 닦아 익히되
마음은 언제나 정진하여 게으르지 않고
일체 모든 세간을 깨끗이 다스리니
저 큰 용왕이 이 도를 행하도다.

중생들의 근성이 같지 않고 욕망과 이해도
한량없어 각각 차별함을 분명히 알며
갖가지 모든 세계를 다 밝게 통달하니
이 널리 들어간 자가 이 도를 행하도다.

시방세계의 한량없는 찰토에
모두 가서 생을 받음이 무수하되
일찍이 잠깐도 피로해하거나 싫어함을 내지 않으니
저 환희하는 자가 이 도를 행하도다.

보방무량광명망
普放無量光明網하야

조요일체제세간
照耀一切諸世間호대

기광소조입법성
其光所照入法性하니

차선혜자행사도
此善慧者行斯道로다

진동시방제국토
震動十方諸國土를

무량억수나유타
無量億數那由他호대

불령중생유경포
不令衆生有驚怖하니

차이세자소행도
此利世者所行道로다

선해일체어언법
善解一切語言法하야

문난수대실구경
問難酬對悉究竟하며

총철변혜미부지
聰哲辯慧靡不知하니

차무외자소행도
此無畏者所行道로다

한량없는 광명그물을 널리 놓아서
일체 모든 세간을 밝게 비추고
그 광명에 비친 것이 법성에 들어가니
이 훌륭한 지혜 있는 자가 이 도를 행하도다.

시방의 모든 국토
한량없는 억수의 나유타를 진동하되
중생들을 놀래거나 두렵게 하지 아니하니
이것은 세상을 이롭게 하는 자가 행하는 도이로다.

일체의 말하는 법을 잘 이해하여
질문과 대답을 모두 끝까지 하며
총명과 현철과 변재와 지혜를 모두 아니
이것은 두려움 없는 자가 행하는 도이로다.

선해복앙제국토
善解覆仰諸國土하야

분별사유득구경
分別思惟得究竟하고

실사주어무진지
悉使住於無盡地하니

차승혜자소행도
此勝慧者所行道로다

공덕무량나유타
功德無量那由他를

위구불도개수습
爲求佛道皆修習하야

어기일체도피안
於其一切到彼岸하니

차무진행소행도
此無盡行所行道로다

초출세간대논사
超出世間大論師가

변재제일사자후
辯才第一師子吼로

보사군생도피안
普使群生到彼岸하나니

차정심자소행도
此淨心者所行道로다

엎어지고 젖혀진 모든 국토를 잘 이해하여

분별하고 사유하여 구경을 얻고

모두 다함이 없는 땅에 머무르게 하니

이것은 수승한 지혜 있는 자가 행하는 도이로다.

공덕이 한량없는 나유타인데

불도를 구하기 위해 다 닦아 익혀서

그 일체에서 피안에 이르러니

이것은 다함없는 행 닦은 이가 행하는 도이로다.

세간에 뛰어난 큰 논사가

변재 제일의 사자후로

널리 군생들을 피안에 이르게 하니

이것은 마음 깨끗한 자가 행하는 도이로다.

제불관정제일법
諸佛灌頂第一法에

이득차법관기정
已得此法灌其頂하고

심항안주정법문
心恒安住正法門하니

피광대심행차도
彼廣大心行此道로다

일체중생무량별
一切衆生無量別을

요달기심실주변
了達其心悉周徧하고

결정호지불법장
決定護持佛法藏하나니

피여수미행차도
彼如須彌行此道로다

능어일일어언중
能於一一語言中에

보위시현무량음
普爲示現無量音하야

영피중생수류해
令彼衆生隨類解하나니

차무애견행사도
此無礙見行斯道로다

모든 부처님께서 관정하시는 제일의 법
이 법을 이미 얻어 그 정수리에 물을 부었고
마음이 항상 바른 법문에 편안히 머무르니
저 광대한 마음 가진 이가 이 도를 행하도다.

일체 중생이 한량없이 다르거늘
그 마음을 분명히 통달하여 모두 두루하고
결정코 부처님 법장을 보호해 지니니
저 수미산 같은 이가 이 도를 행하도다.

능히 낱낱 언어 가운데
한량없는 음성을 널리 나타내 보여
저 중생들이 부류를 따라 알게 하니
이 걸림 없이 보는 이가 이 도를 행하도다.

일체문자어언법
一切文字語言法에

지개선입불분별
智皆善入不分別하고

주어진실경계중
住於眞實境界中하니

차견성자소행도
此見性者所行道로다

안주심심대법해
安住甚深大法海하야

선능인정일체법
善能印定一切法호대

요법무상진실문
了法無相眞實門하니

차견실자소행도
此見實者所行道로다

일일불토개왕예
一一佛土皆往詣하야

진어무량무변겁
盡於無量無邊劫토록

관찰사유미잠정
觀察思惟靡暫停하니

차비해자소행도
此匪懈者所行道로다

일체 문자와 말하는 법에
지혜로 다 잘 들어가 분별하지 않고
진실한 경계 가운데 머무르니
이것은 성품을 보는 자가 행하는 도이로다.

매우 깊은 큰 법바다에 편안히 머물러
일체 법을 잘 능히 도장 찍듯 정하되
법이 모양 없고 진실한 문을 분명히 아니
이것은 실상을 보는 자가 행하는 도이로다.

낱낱 불국토에 다 나아가
한량없고 가없는 겁이 다하도록
관찰하고 사유하기를 잠시도 쉬지 아니하니
이것은 게으르지 않은 자가 행하는 도이로다.

무량무수제여래
無量無數諸如來의

종종명호각부동
種種名号各不同을

어일모단실명견
於一毛端悉明見하니

차정복자소행도
此淨福者所行道로다

일모단처견제불
一毛端處見諸佛호대

기수무량불가설
其數無量不可說이며

일체법계실역연
一切法界悉亦然하니

피제불자행사도
彼諸佛子行斯道로다

무량무변무수겁
無量無邊無數劫을

어일념중실명견
於一念中悉明見하야

지기수촉무정상
知其脩促無定相하니

차해탈행소행도
此解脫行所行道로다

한량없고 수없는 모든 여래의
갖가지 명호가 각각 같지 않거늘
한 털끝에서 모두 밝게 보니
이것은 깨끗한 복 있는 자가 행하는 도이로다.

한 털끝만 한 곳에서 모든 부처님을 보되
그 수효가 한량없어 말할 수 없고
일체 법계에도 모두 또한 그러하니
저 모든 불자들이 이 도를 행하도다.

한량없고 가없고 수없는 겁을
한 생각 가운데서 모두 밝게 보고
그 길고 짧아 일정한 모양이 없음을 아니
이것은 해탈행을 얻은 이가 행하는 도이로다.

능령견자무공과
能令見者無空過하야

개어불법종인연
皆於佛法種因緣호대

이어소작심무착
而於所作心無著하니

피제최승소행도
彼諸最勝所行道로다

나유타겁상우불
那由他劫常遇佛호대

종불일념생피염
終不一念生疲厭하야

기심환희전갱증
其心歡喜轉更增하니

차불공견소행도
此不空見所行道로다

진어무량무변겁
盡於無量無邊劫토록

관찰일체중생계
觀察一切衆生界호대

미증견유일중생
未曾見有一衆生하니

차견고사소행도
此堅固士所行道로다

능히 보는 자가 헛됨이 없이
다 불법에 인연을 심게 하되
하는 일에 마음이 집착 없으니
저 모든 가장 수승한 이가 행하는 도이로다.

나유타 겁에 항상 부처님을 만나되
마침내 잠깐도 피로해하거나 싫어함을 내지 않고
그 마음 환희하여 점점 더 증장하니
이것은 헛되지 않게 본 이가 행하는 도이로다.

한량없고 가없는 겁이 다하도록
일체 중생 세계를 관찰하되
일찍이 한 중생도 있다고 보지 않으니
이것은 견고한 보살이 행하는 도이로다.

수습무변복지장
修習無邊福智藏하고

보작청량공덕지
普作淸涼功德池하야

이익일체제군생
利益一切諸群生하니

피제일인행차도
彼第一人行此道로다

법계소유제품류
法界所有諸品類가

보변허공무수량
普徧虛空無數量이어든

요피개의언설주
了彼皆依言說住하니

차사자후소행도
此師子吼所行道로다

능어일일삼매중
能於一一三昧中에

보입무수제삼매
普入無數諸三昧하야

실지법문유오처
悉至法門幽奧處하니

차논월자행사도
此論月者行斯道로다

가없는 복과 지혜장을 닦아 익혀서
청량한 공덕의 못을 널리 만들고
일체의 모든 군생들을 이익케 하니
저 제일가는 사람이 이 도를 행하도다.

법계에 있는 모든 품류들이
널리 허공에 두루하여 헤아릴 수 없는데
그들 모두 말을 의지해 머무름을 아니
이것은 사자후하는 이가 행하는 도이로다.

능히 낱낱 삼매 가운데
수없는 모든 삼매에 널리 들어가
법문의 깊고 그윽한 곳에 모두 이르니
이것은 달을 논하는 자가 이 도를 행하도다.

인력근수도피안
忍力勤修到彼岸호대

능인최승적멸법
能忍最勝寂滅法하야

기심평등부동요
其心平等不動搖하니

차무변지소행도
此無邊智所行道로다

어일세계일좌처
於一世界一坐處에

기신부동항적연
其身不動恒寂然호대

이어일체보현신
而於一切普現身하나니

피무변신행차도
彼無邊身行此道로다

무량무변제국토
無量無邊諸國土를

실령공입일진중
悉令共入一塵中하야

보득포용무장애
普得包容無障礙하니

피무변사행차도
彼無邊思行此道로다

인욕의 힘을 부지런히 닦아 피안에 이르러
가장 수승한 적멸법을 능히 알아서
그 마음이 평등하여 동요하지 않으니
이것은 가없는 지혜 있는 이가 행하는 도이로다.

한 세계 하나의 앉은 자리에서
그 몸이 움직이지 않고 항상 고요하되
일체에 널리 몸을 나타내니
저 가없는 몸 가진 이가 이 도를 행하도다.

한량없고 가없는 모든 국토를
모두 한 티끌 속에 함께 들게 하되
널리 포용하여 장애가 없으니
저 가없이 생각하는 이가 이 도를 행하도다.

요달시처급비처
了達是處及非處하며

어제력처보능입
於諸力處普能入하야

성취여래최상력
成就如來最上力하니

피제일력소행도
彼第一力所行道로다

과거미래현재세
過去未來現在世에

무량무변제업보
無量無邊諸業報를

항이지혜실요지
恒以智慧悉了知하니

차달해자소행도
此達解者所行道로다

요달세간시비시
了達世間時非時하야

여응조복제중생
如應調伏諸衆生호대

실순기의이불실
悉順其宜而不失하니

차선요자소행도
此善了者所行道로다

옳은 도리와 그른 도리를 분명히 통달하고
모든 힘있는 곳에 널리 능히 들어가
여래의 최상의 힘을 성취하니
저 제일가는 힘 가진 이가 행하는 도이로다.

과거와 미래와 현재의 세상에
한량없고 가없는 모든 업보를
항상 지혜로써 모두 분명히 아니
이것은 통달해 아는 이가 행하는 도이로다.

세간의 때와 때 아님을 분명히 알아
알맞게 모든 중생들을 조복하되
모두 그 마땅함을 따라서 잃지 않으니
이것은 잘 아는 자가 행하는 도이로다.

선수신어급의업
善守身語及意業하야

항령의법이수행
恒令依法而修行호대

이제취착항중마
離諸取著降衆魔하니

차지심자소행도
此智心者所行道로다

어제법중득선교
於諸法中得善巧하고

능입진여평등처
能入眞如平等處하야

변재선설무유궁
辯才宣說無有窮하니

차불행자소행도
此佛行者所行道로다

다라니문이원만
陀羅尼門已圓滿하고

선능안주무애장
善能安住無礙藏하야

어제법계실통달
於諸法界悉通達하니

차심입자소행도
此深入者所行道로다

몸과 말과 뜻의 업을 잘 지켜서
언제나 법에 의지하여 수행하게 하며
모든 취착을 여의고 온갖 마군을 항복 받으니
이것은 지혜로운 마음의 사람이 행하는 도이로다.

모든 법 가운데서 선교를 얻고
진여의 평등한 곳에 능히 들어가
변재로 연설함이 다함없으니
이것은 부처님 행 닦는 자가 행하는 도이로다.

다라니문을 이미 원만히 하였고
걸림 없는 법장에 잘 능히 안주하여
모든 법계를 모두 통달하니
이것은 깊이 들어간 자가 행하는 도이로다.

삼세소유일체불
三世所有一切佛로

실여등심동지혜
悉與等心同智慧하야

일성일상무유수
一性一相無有殊하니

차무애종소행도
此無礙種所行道로다

이결일체우치막
已決一切愚癡膜하고

심입광대지혜해
深入廣大智慧海하야

보시중생청정안
普施衆生淸淨眼하니

차유목자소행도
此有目者所行道로다

이구일체제도사
已具一切諸導師의

평등신통무이행
平等神通無二行하야

획어여래자재력
獲於如來自在力하니

차선수자소행도
此善修者所行道로다

삼세에 계시는 일체 부처님과
모두 더불어 마음도 같고 지혜도 같아서
한 성품 한 모양이고 다름이 없으니
이것은 걸림 없는 종성이 행하는 도이로다.

이미 일체 어리석음의 막을 도려내었고
광대한 지혜바다에 깊이 들어가
중생에게 청정한 눈을 널리 베푸니
이것은 눈 있는 자가 행하는 도이로다.

일체 모든 도사들의
평등한 신통과 둘이 없는 행을 이미 갖추었고
여래의 자재한 힘을 얻었으니
이것은 잘 닦은 자가 행하는 도이로다.

변유일체제세간
徧遊一切諸世間하며

보우무변묘법우
普雨無邊妙法雨하야

실령어의득결료
悉令於義得決了하니

차법운자소행도
此法雲者所行道로다

능어불지급해탈
能於佛智及解脫에

심생정신영불퇴
深生淨信永不退하야

이신이생지혜근
以信而生智慧根하니

차선학자소행도
此善學者所行道로다

능어일념실요지
能於一念悉了知

일체중생무유여
一切衆生無有餘하야

요피중생심자성
了彼衆生心自性하니

달무성자소행도
達無性者所行道로다

일체 모든 세간에 두루 노닐며
가없는 묘한 법의 비를 널리 내려서
모두 이치를 분명히 알게 하니
이것은 법구름에 오른 자가 행하는 도이로다.

능히 부처님의 지혜와 해탈에
깨끗한 믿음을 깊이 내어 길이 퇴전치 않고
믿음으로 지혜의 뿌리를 내니
이것은 잘 배운 자가 행하는 도이로다.

능히 한 생각에
일체 중생을 남김없이 모두 분명히 알고
저 중생 마음의 자성을 아니
성품 없음을 통달한 자가 행하는 도이로다.

법계일체제국토
法界一切諸國土에

실능화왕무유수
悉能化往無有數호대

기신최묘절등륜
其身最妙絶等倫하니

차무비행소행도
此無比行所行道로다

불찰무변무유수
佛刹無邊無有數에

무량제불재기중
無量諸佛在其中이어든

보살어피실현전
菩薩於彼悉現前하야

친근공양생존중
親近供養生尊重이로다

보살능이독일신
菩薩能以獨一身으로

입어삼매이적정
入於三昧而寂定호대

영견기신무유수
令見其身無有數하야

일일개종삼매기
一一皆從三昧起로다

법계의 일체 모든 국토에
모두 능히 수없이 변화하여 가되
그 몸이 가장 미묘하여 짝이 없으니
이것은 비할 데 없는 행을 한 이가 행하는 도이로다.

부처님의 세계가 가없고 무수한데
한량없는 모든 부처님께서 그 가운데 계시니
보살들이 그곳에 모두 나타나
친근하고 공양올리며 존중하도다.

보살들이 능히 오직 한 몸으로
삼매에 들어가 적정하되
그 몸이 수없어서
낱낱이 다 삼매에서 일어남을 보게 하도다.

보살소주최심묘
菩薩所住最深妙하며

소행소작초희론
所行所作超戲論하며

기심청정상열락
其心淸淨常悅樂하야

능령중생실환희
能令衆生悉歡喜로다

제근방편각차별
諸根方便各差別을

능이지혜실명견
能以智慧悉明見하고

이요제근무소의
而了諸根無所依하니

조난조자소행도
調難調者所行道로다

능이방편교분별
能以方便巧分別로

어일체법득자재
於一切法得自在하야

시방세계각부동
十方世界各不同에

실재기중작불사
悉在其中作佛事로다

보살의 머무른 곳이 가장 깊고 묘하며
행하는 것 짓는 일이 희론을 초월하여
그 마음이 청정하고 항상 즐거워
능히 중생들을 모두 환희케 하도다.

모든 근기와 방편이 각각 차별함을
능히 지혜로 모두 밝게 보고
모든 근기가 의지한 바 없음을 아니
조복하기 어려움을 조복한 자가 행하는 도이로다.

능히 방편으로 교묘히 분별하여
일체 법에 자재함을 얻어서
시방세계가 각각 같지 않으나
모두 그 가운데 있으면서 불사를 짓도다.

제근미묘행역연
諸根微妙行亦然하야

능위중생광설법
能爲衆生廣說法하니

수기문자불흔경
誰其聞者不欣慶가

차등허공소행도
此等虛空所行道로다

지안청정무여등
智眼淸淨無與等하야

어일체법실명견
於一切法悉明見하고

여시지혜교분별
如是智慧巧分別하니

차무등자소행도
此無等者所行道로다

소유무진광대복
所有無盡廣大福을

일체수행사구경
一切修行使究竟하야

영제중생실청정
令諸衆生悉淸淨하니

차무비자소행도
此無比者所行道로다

모든 근기가 미묘하고 행도 또한 그러하여

능히 중생들을 위하여 널리 법을 설하니

듣는 자 그 누가 기뻐하지 않으리오

이것은 허공과 평등한 이가 행하는 도이로다.

지혜의 눈 청정하여 더불어 같을 이 없어

일체 법을 모두 밝게 보고

이와 같은 지혜로 교묘히 분별하니

이것은 같을 이 없는 자가 행하는 도이로다.

있는 바 다함없는 광대한 복을

일체를 수행하여 다 성취하며

모든 중생들로 하여금 다 청정케 하니

이것은 비할 데 없는 자가 행하는 도이로다.

보권수성조도법
普勸修成助道法하고

실령득주방편지
悉令得住方便地하야

도탈중생무유수
度脫衆生無有數호대

미증잠기중생상
未曾暫起衆生想하며

일체기연실관찰
一切機緣悉觀察하야

선호피의영무쟁
先護彼意令無諍하고

보시중생안은처
普示衆生安隱處하니

차방편자소행도
此方便者所行道로다

성취최상제일지
成就最上第一智하고

구족무량무변지
具足無量無邊智하야

어제사중무소외
於諸四衆無所畏하니

차방편지소행도
此方便智所行道로다

도를 돕는 법 닦아 이루기를 널리 권하고

모두 방편 지위에 머무르게 하여

중생들을 제도하여 해탈케 함이 수없지만

일찍이 잠깐도 중생이라는 생각을 일으키지 않도다.

일체 근기 인연을 모두 관찰하여

먼저 그 뜻을 보호하여 다툼이 없게 하고

중생들에게 안온한 곳을 널리 보이니

이것은 방편을 얻은 자가 행하는 도이로다.

가장 높고 제일의 지혜를 성취하고

한량없고 가없는 지혜를 구족하여

모든 네 대중에게 두려울 바 없으니

이것은 방편 지혜 갖춘 이가 행하는 도이로다.

일체세계급제법
一切世界及諸法에

실능변입득자재
悉能徧入得自在하고

역입일체중회중
亦入一切衆會中하야

도탈군생무유수
度脫群生無有數하며

시방일체국토중
十方一切國土中에

격대법고오군생
擊大法鼓悟群生하야

위법시주최무상
爲法施主最無上하니

차불멸자소행도
此不滅者所行道로다

일신결가이정좌
一身結跏而正坐하야

충만시방무량찰
充滿十方無量刹호대

이령기신불박애
而令其身不迫隘하니

차법신자소행도
此法身者所行道로다

일체 세계와 모든 법에

모두 능히 두루 들어가 자재를 얻고

또한 일체 대중모임 가운데 들어가

수없는 군생들을 제도하여 해탈케 하도다.

시방의 일체 국토 가운데

큰 법고를 울려 군생들을 깨우치고

법을 보시하는 시주가 되어 가장 높으니

이것은 멸하지 않는 자가 행하는 도이로다.

한 몸이 가부를 맺어 반듯이 앉아서

시방의 한량없는 세계에 충만하되

그 몸으로 하여금 협소하지 않게 하니

이것은 법신을 증득한 자가 행하는 도이로다.

능어일의일문중
能於一義一文中에

연설무량무변법
演說無量無邊法호대

이기변제불가득
而其邊際不可得하니

차무변지소행도
此無邊智所行道로다

어불해탈선수학
於佛解脫善修學하야

득불지혜무장애
得佛智慧無障礙하고

성취무외위세웅
成就無畏爲世雄하니

차방편자소행도
此方便者所行道로다

요지시방세계해
了知十方世界海하고

역지일체불찰해
亦知一切佛刹海하며

지해법해실요지
智海法海悉了知하니

중생견자함흔경
衆生見者咸欣慶이로다

능히 한 뜻과 한 글자 중에
한량없고 가없는 법을 연설하되
그 끝 간 데를 얻을 수 없으니
이것은 가없는 지혜 있는 이가 행하는 도이로다.

부처님의 해탈을 잘 닦아 배우고
부처님의 지혜를 얻어 장애가 없으며
두려움 없음을 성취하여 세상의 영웅이 되니
이것은 방편을 얻은 자가 행하는 도이로다.

시방의 세계바다를 분명히 알고
또한 일체 부처님의 세계바다를 알며
지혜바다와 법바다도 모두 분명히 아니
보는 중생들이 다 기뻐하도다.

혹현입태급초생
或現入胎及初生하며

혹현도량성정각
或現道場成正覺하야

여시개령세간견
如是皆令世間見하니

차무변자소행도
此無邊者所行道로다

무량억수국토중
無量億數國土中에

시현기신입열반
示現其身入涅槃호대

실불사원귀적멸
實不捨願歸寂滅하니

차웅론자소행도
此雄論者所行道로다

견고미밀일묘신
堅固微密一妙身이

여불평등무차별
與佛平等無差別호대

수제중생각이견
隨諸衆生各異見하니

일실신자소행도
一實身者所行道로다

혹은 태에 들어감과 처음 태어남을 나타내며
혹은 도량에서 정각 이룸을 나타내어
이와 같음을 다 세간이 보게 하니
이것은 가없는 자가 행하는 도이로다.

한량없는 억수의 국토 가운데
그 몸이 열반에 듦을 나타내 보이나
실로 서원을 버리고 적멸에 돌아가지 않으니
이것은 영웅 같은 논자가 행하는 도이로다.

견고하고 비밀하고 미묘한 한 몸이
부처님과 평등하여 차별이 없으나
모든 중생들을 따라 각각 다르게 보니
한 진실한 몸 지닌 자가 행하는 도이로다.

법계평등무차별
法界平等無差別이나

구족무량무변의
具足無量無邊義어든

낙관일상심불이
樂觀一相心不移하니

삼세지자소행도
三世智者所行道로다

어제중생급불법
於諸衆生及佛法에

건립가지실구경
建立加持悉究竟하야

소유지력동어불
所有持力同於佛하니

최상지자행사도
最上持者行斯道로다

신족무애유여불
神足無礙猶如佛하고

천안무애최청정
天眼無礙最淸淨하며

이근무애선청문
耳根無礙善聽聞하니

차무애의소행도
此無礙意所行道로다

법계가 평등하여 차별이 없으나
한량없고 가없는 뜻을 구족하였고
한 모양을 즐겨 보아도 마음이 움직이지 않으니
삼세의 지혜로운 자가 행하는 도이로다.

모든 중생들과 부처님 법에
건립하고 가지함을 모두 성취하여
있는 바 가지하는 힘이 부처님과 같으니
최상의 가지 받은 자가 이 도를 행하도다.

신족이 걸림 없어 마치 부처님 같고
천안이 걸림 없어 가장 청정하며
이근이 걸림 없어 잘 들리니
이것은 걸림 없는 뜻 가진 이가 행하는 도이로다.

소유신통개구족
所有神通皆具足하며

수기지혜실성취
隨其智慧悉成就하야

선지일체미소주
善知一切靡所儔하니

차현지자소행도
此賢智者所行道로다

기심정정불요동
其心正定不搖動하고

기지광대무변제
其智廣大無邊際하야

소유경계개명달
所有境界皆明達하니

일체견자소행도
一切見者所行道로다

이도일체공덕안
已到一切功德岸하야

능수차제도중생
能隨次第度衆生호대

기심필경무염족
其心畢竟無厭足하니

차상근자소행도
此常勤者所行道로다

있는 바 신통을 다 구족하고
그 지혜를 따라 모두 성취하여
일체를 잘 알아 짝할 바 없으니
이것은 어질고 지혜로운 자가 행하는 도이로다.

그 마음이 바른 정에 들어 요동하지 않고
그 지혜가 광대하여 끝이 없어서
있는 바 경계를 다 밝게 통달하니
일체를 보는 자가 행하는 도이로다.

일체 공덕의 언덕에 이미 이르러
능히 차례를 따라서 중생들을 제도하되
그 마음은 끝까지 만족해 싫어함이 없으니
이것은 늘 부지런한 자가 행하는 도이로다.

삼세소유제불법
三世所有諸佛法을

어차일체함지견
於此一切咸知見하야

종어여래종성생
從於如來種性生하니

피제불자행사도
彼諸佛了行斯道로다

수순언사이성취
隨順言辭已成就하고

괴위담론선최복
乖違談論善摧伏하야

상능취향불보리
常能趣向佛菩提하니

무변혜자소행도
無邊慧者所行道로다

일광조촉무애한
一光照觸無涯限하야

시방국토실충변
十方國土悉充徧하야

보사세간득대명
普使世間得大明하니

차파암자소행도
此破闇者所行道로다

삼세에 있는 바 모든 부처님의 법을
이에 일체를 다 알고 보아서
여래의 종성으로부터 태어나니
저 모든 불자들이 이 도를 행하도다.

수순하는 말은 이미 성취하였고
어기는 담론은 잘 꺾어 굴복시켜서
늘 부처님의 보리를 향해 능히 나아가니
가없는 지혜 있는 자가 행하는 도이로다.

한 광명이 끝없이 비치어서
시방 국토에 모두 두루 가득하여
널리 세간이 큰 광명을 얻게 하니
이것은 어두움을 깨뜨린 자가 행하는 도이로다.

수기응견응공양
隨其應見應供養하야

위현여래청정신
爲現如來淸淨身하야

교화중생백천억
敎化衆生百千億하며

장엄불찰역여시
莊嚴佛刹亦如是로다

위령중생출세간
爲令衆生出世間하야

일체묘행개수습
一切妙行皆修習하니

차행광대무변제
此行廣大無邊際라

운하이유능지자
云何而有能知者리오

가사분신불가설
假使分身不可說호대

이여법계허공등
而與法界虛空等하야

실공칭양피공덕
悉共稱揚彼功德이라도

백천만겁무능진
百千萬劫無能盡이로다

그 봄에 응하고 공양에 응함을 따라
여래의 청정한 몸을 나타내어서
백천억 중생들을 교화하니
부처님 세계를 장엄함도 또한 이와 같도다.

중생들이 세간에서 벗어나게 하기 위하여
일체의 묘한 행을 다 닦아 익히니
이 행은 넓고 커서 끝이 없거늘
어떻게 능히 아는 자가 있으리오.

가령 분신이 말할 수 없어
법계와 허공과 같아서
모두 함께 그 공덕을 찬탄하여도
백천만겁에 능히 다할 수 없도다.

보살공덕무유변
菩薩功德無有邊하야

일체수행개구족
一切修行皆具足하니

가사무량무변불
假使無量無邊佛이

어무량겁설부진
於無量劫說不盡이어든

하황세간천급인
何況世間天及人과

일체성문급연각
一切聲聞及緣覺이

능어무량무변겁
能於無量無邊劫에

찬탄칭양득구경
讚歎稱揚得究竟가

〈大方廣佛華嚴經 卷第二十〉

보살들의 공덕은 끝이 없어서
일체 수행을 다 구족하니
가령 한량없고 가없는 부처님께서
무량겁 동안 설하셔도 다하지 못하거늘

어찌 하물며 세간의 천신과 인간과
일체 성문과 연각이
능히 한량없고 가없는 겁 동안
찬탄하고 칭찬하여 다할 수 있으리오.

〈대방광불화엄경 제20권〉

大方廣佛華嚴經
부록

•

대방광불화엄경 목차

•

간행사

대방광불화엄경
목차

간 행 사

　귀의삼보 하옵고,

『대방광불화엄경』의 수지 독송과 유통을 발원하면서 수미정사 불전연구원에서 『독송본 한문·한글역 대방광불화엄경』과 『사경본 한글역 대방광불화엄경』을 편찬하여 간행하게 되었습니다.

『화엄경』은 우리나라에 전래된 이래 일찍부터 사경되고 주석·강설되어 왔으며 근현대에 이르러서는 『화엄경』의 한글 번역과 연구도 부쩍 많이 이루어졌습니다. 그만큼 『화엄경』이 우리 불자님들의 신행과 해탈에 큰 의지처가 되었던 것임을 알 수 있습니다.

『화엄경』을 독송하고 사경하는 공덕은 설법 공덕과 함께 크게 강조되어 왔습니다. 그리하여 수미정사 불전연구원에서도 『화엄경』(80권)을 독송하고 사경하는 데 도움이 되도록 한문 원문과 한글역을 함께 수록한 독송본과 한글역의 사경본 『화엄경』 간행불사를 발원하였습니다. 이 『화엄경』 간행불사에 뜻을 같이하여 적극 후원해주신 스님들과 재가 불자님들께 깊이 감사드립니다. 또한 『화엄경』을 수지 독송할 수 있도록 경책의 모습으로 장엄해 주신 편집위원들과 담앤북스 출판사 관계자들께도 고마움을 표합니다.

　끝으로 이 불사의 원만 회향으로 『화엄경』이 널리 유통되고, 온 법계에 부처님의 가피가 충만하시길 기원드립니다.

　나무 대방광불화엄경

불기 2564년 '부처님오신날'을 봉축하며
수미해주 합장

위태천신(동진보살)

수미해주 須彌海住

동국대학교 명예교수
중앙승가대학교 법인이사
대한불교조계종 수미정사 주지

독송본 한문·한글역
대방광불화엄경 제20권

| **초판 1쇄 발행_** 2021년 11월 24일

| **엮은이_** 수미해주
| **엮은곳_** 수미정사 불전연구원
| **편집위원_** 해주 수정 경진 선초 정천 석도 박보람 최원섭
| **편집보_** 무이 무진 지욱 김지예

| **펴낸이_** 오세룡
| **펴낸곳_** 담앤북스
　　　　서울특별시 종로구 새문안로3길 23 경희궁의 아침 4단지 805호
　　　　대표전화 02)765-1251　전자우편 damnbooks@hanmail.net
　　　　출판등록 제300-2011-115호
| **ISBN_** 979-11-6201-336-6　04220